진짜 공신들만 아는
초등 연산법 문제서
기본편　1학년 | 덧셈과 뺄셈

진짜 공신들만 아는 초등 연산법 문제서

기본편 1학년 | 덧셈과 뺄셈

지은이　임항섭
발행인　조상현
기획 및 편집　제이군
디자인　Design IF & 이기숙
마케팅　이영재
펴낸곳　더디퍼런스

초판 1쇄 인쇄 2017년 8월 10일
초판 1쇄 발행 2017년 8월 20일

등록번호　제2015-000237호
주소　서울시 마포구 마포대로 127, 304호
문의　02-725-9988
팩스　02-6974-1237
이메일　thedibooks@naver.com
홈페이지　www.thedifference.co.kr

ISBN 979-11-6125-045-8　73410

독자 여러분의 소중한 원고를 기다리고 있으니 많은 투고 바랍니다.
이 책은 저작권법 및 특허법에 따라 보호받는 저작물이므로 무단 전재와 무단 복제를 금합니다.
파본이나 잘못 만들어진 책은 구입하신 서점에서 바꾸어 드립니다.
책값은 뒤표지에 있습니다.

진짜 공신들만 아는 초등 연산법 문제서

기본편 | 1학년 | 덧셈과 뺄셈

임항섭 지음

더디퍼런스

머리말

창의 융합형 인재를 위하여

앞으로의 수학 교육

2015 개정 교육과정에서는 미래 사회가 요구하는 '창의 융합형 인재' 양성을 국가와 사회적 요구로서 매우 중요하게 다루고 있습니다.

특히 수학 교과에서는 수학의 지식을 이해하고 기능을 습득하는 것과 더불어 문제 해결, 추론, 창의 융합, 의사소통, 정보 처리, 태도 및 실천의 6가지 교과 역량을 강조하고 있습니다. 이제 학생들은 문제 상황에서 다양한 해결 전략을 구사하여 주어진 문제를 합리적으로 해결할 수 있어야 합니다.

다양한 방법과 창의적인 아이디어

수학의 기초적인 개념과 기능이라고 할 수 있는 사칙연산에서도 마찬가지입니다. 기계적으로 한 가지 풀이 방법만을 연습한다면 학생의 창의성과 문제 해결 능력을 키우기 어려울 것입니다.

먼저, 문제 해결을 위해 다양한 방법이 있다는 것을 알아야 합니다. 그 다음 주어진 조건을 보고 가장 효율적인 방법을 선택하여 적용하는 능력이 있어야 합니다.

문제서를 통해 기를 수 있는 수학적 역량

이 책에서는 같은 문제라도 다양하게 해결할 수 있는 방법을 제시하였습니다. 아울러 같은 유형의 문제라고 할지라도 주어진 계산식의 수들 사이의 관계, 계산의 편의성 등을 고려하여 가장 합리적인 해결 방법이 무엇인지 스스로 고민할 수 있도록 하였습니다.

이 책을 읽는 학생은 다양한 방법으로 문제를 해결하면서 가장 합리적인 방법을 찾을 수 있습니다.

문제샘의 활용 방법

이 책에 제시된 해결 방법들이 전부가 아니라는 것을 명심해야 합니다. 주어진 상황에 따라 유연하게 대처할 수 있는 사고력을 키워 나아가야 할 어린 학생에게 고정관념이 생기지 않도록 해야 합니다.

두 번째로 이미 해결한 문제도 다시 살펴보면서 또 다른 방법은 없는지, 내가 실수한 부분은 없는지 살펴보는 반성적인 태도가 필요합니다. 많은 문제를 풀어보는 것보다 몇 가지 문제들을 깊이 있게 탐구하는 것이 더 좋을 수 있습니다.

세 번째로 부모님이나 친구들과 해결 방법에 대해 이야기를 나누는 것입니다. 더 좋은 해결 방법을 찾기 위해 자신의 생각을 전달하고, 다른 사람의 의견을 들어보는 것은 학생들의 의사소통 능력을 향상시키고 사고의 폭을 넓힐 수 있습니다.

이 책을 통해 우리 학생들이 수학의 즐거움을 깨닫고 보다 넓은 시야와 다양한 아이디어를 창조해 낼 수 있는 창의성을 키워 나아가길 바랍니다.

임항섭으로부터

차례

덧셈

① (몇)+(몇) 계산하기 9

② 세 수의 덧셈 계산하기 23

③ (몇십 몇)+(몇) 계산하기 39

④ (몇십)+(몇십) 계산하기 50

⑤ (몇십 몇)+(몇십 몇) 계산하기 60

⑥ 여러 가지 덧셈 75

⑦ 덧셈식에서 ■의 값 구하기 94

뺄셈

1. (몇) − (몇) 계산하기 111
2. 세 수의 뺄셈 계산하기 122
3. (몇십 몇) − (몇) 계산하기 134
4. (몇십) − (몇십) 계산하기 148
5. (몇십 몇) − (몇십 몇) 계산하기 157
6. 여러 가지 뺄셈 167
7. 뺄셈식에서 ■의 값 구하기 181

덧셈

❶ (몇)+(몇) 계산하기
❷ 세 수의 덧셈 계산하기
❸ (몇십 몇)+(몇) 계산하기
❹ (몇십)+(몇십) 계산하기
❺ (몇십 몇)+(몇십 몇) 계산하기
❻ 여러 가지 덧셈
❼ 덧셈식에서 ■의 값 구하기

1 (몇)+(몇) 계산하기

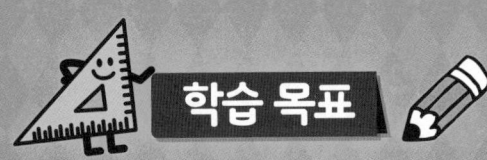
학습 목표

단계	학습 의도	구분	학습 주제	관련 교과
1단계	Basic Exercise (몇)+(몇)을 계산하는 여러 가지 방법을 배웁니다.	방법1	10을 기준으로 생각하기	
		방법2	같은 수+같은 수로 생각하기	
		방법3	두 수를 바꿔 덧셈하기	
2단계	One Problem Multi Solution 1단계에서 배운 여러 가지 방법을 토대로 (몇)+(몇)의 여러 가지 유형을 계산합니다.	유형1	수를 모으고 가르기	〈1-1〉 3. 덧셈과 뺄셈
		유형2	합이 10보다 작은 덧셈	〈1-1〉 3. 덧셈과 뺄셈
		유형3	합이 10이 되는 덧셈	〈1-2〉 5.덧셈과 뺄셈(2)
		유형4	합이 10보다 큰 덧셈	〈1-2〉 5.덧셈과 뺄셈(2)
3단계	Calculation Master 앞에서 학습한 내용을 자유롭게 적용해 계산합니다.			

Basic Exercise

1 (몇) + (몇) 계산하기

1단계

Q1 □ 안에 알맞은 수를 써넣으세요.

> 💡 방법 ① 10을 기준으로 생각하기

① $5 + 4 = 5 + \boxed{5} - 1$
  $5 - \boxed{1}$
  $= 10 - \boxed{1}$
  $= \boxed{9}$

② $6 + 2 = 6 + \boxed{4} - \boxed{2}$
  $4 - \boxed{2}$
  $= 10 - \boxed{2}$
  $= \boxed{8}$

① $8 + 1 = 8 + \boxed{} - 1$
  $2 - \boxed{}$
  $= 10 - \boxed{}$
  $= \boxed{}$

  💬 8에 2를 더하면 10이 됩니다.

③ $6 + 3 = 6 + \boxed{} - \boxed{}$
  $4 - \boxed{}$
  $= 10 - \boxed{}$
  $= \boxed{}$

  💬 6에 4를 더하면 10이 됩니다.

② $7 + 1 = 7 + \boxed{} - \boxed{}$
  $3 - \boxed{}$
  $= 10 - \boxed{}$
  $= \boxed{}$

④ $5 + 3 = 5 + \boxed{} - \boxed{}$
  $5 - \boxed{}$
  $= 10 - \boxed{}$
  $= \boxed{}$

Q2 ☐ 안에 알맞은 수를 써넣으세요.

방법 ❷ 같은 수 + 같은 수로 생각하기

❶ 2 + 3 = 2 + [2] + [1]
   2+[1] = 4 + [1]
         = [5]

❷ 4 + 3 = 4 + [4] - [1]
   4-[1] = 8 - [1]
         = [7]

❶ 1 + 2 = 1 + ☐ + ☐
   1+☐ = 2 + ☐
       = ☐

같은 수끼리 더하는 식으로 바꿔 봅니다.

❸ 4 + 2 = 4 + ☐ - ☐
   4-☐ = 8 - ☐
       = ☐

4와 4를 더하는 식으로 바꿔 봅니다.

❷ 2 + 4 = 2 + ☐ + ☐
   2+☐ = 4 + ☐
       = ☐

❹ 3 + 2 = 3 + ☐ - ☐
   3-☐ = 6 - ☐
       = ☐

Q3 ☐ 안에 알맞은 수를 써넣으세요.

💡 **방법 ③** 두 수를 바꿔 덧셈하기

❶ 4 + 5 = 5 + **4**
     = **9**

❷ 2 + 3 = 3 + **2**
     = **5**

❶ 1 + 3 = 3 + ☐
      = ☐

> 두 수를 바꿔 더해도 결과는 같습니다.

❷ 2 + 4 = 4 + ☐
      = ☐

❸ 3 + 4 = 4 + ☐
      = ☐

❹ 3 + 5 = 5 + ☐
      = ☐

❺ 2 + 6 = 6 + ☐
      = ☐

❻ 3 + 6 = 6 + ☐
      = ☐

1 (몇) + (몇) 계산하기

One Problem Multi Solution

2단계

 유형1 수를 모으고 가르기

세 가지 방법으로 계산하면서 상황에 알맞게 수를 모으기와 가르기를 해 봅시다.

방법 ① 10을 기준으로 생각하기

$$4 + 5 = 4 + 6 - 1$$
(6 - 1)
$$= 10 - 1$$
$$= 9$$

방법 ② 같은 수 + 같은 수로 생각하기

$$4 + 5 = 4 + 4 + 1$$
(4 + 1)
$$= 8 + 1$$
$$= 9$$

방법 ③ 두 수를 바꿔 덧셈하기

$$4 + 5 = 5 + 4$$
$$= 9$$

◎ 계산해 보세요.

1. 2 + 7

① $2 + 7 = \square + 7 - 1$
 (3 - □)
 $ = 10 - 1$
 $ = \square$

② $2 + 7 = 2 + 2 + \square$
 (2 + □)
 $ = \square + \square$
 $ = \square$

③ $2 + 7 = \square + 2$
 $ = \square$

2. 3 + 5

❶ 3 + 5 = □ + 5 - 2
   5 - □   =   10 - 2
           =   □

> 5에 3대신 어떤 수를 더하면 10이 됩니다.

❷ 3 + 5 = 3 + 3 + □
   3 + □ =   □ + □
           =   □

❸ 3 + 5 = □ + 3
           =   □

3. 6 + 3

❶ 6 + 3 = 6 + □ - 1
   4 - □   =   10 - 1
           =   □

> 6에 3대신 어떤 수를 더하면 10이 됩니다.

❷ 6 + 3 = 3 + □ + 3
   3 + □ =   □ + 3
           =   □

❸ 6 + 3 = □ + 6
           =   □

2단계 ① (몇) + (몇) 계산하기 　유형2

유형2 합이 10보다 작은 덧셈

합이 10보다 작은 (몇) + (몇)을 다양한 방법으로 계산해 봅시다.

방법 ① 10을 기준으로 생각하기

$$4 + 3 = 4 + 6 - 3$$
$$= 10 - 3$$
$$= 7$$

(6 - 3)

방법 ② 같은 수 + 같은 수로 생각하기

$$4 + 3 = 4 + 4 - 1$$
$$= 8 - 1$$
$$= 7$$

(4 - 1)

방법 ③ 두 수를 바꿔 덧셈하기

$$4 + 3 = 3 + 4$$
$$= 7$$

◎ 계산해 보세요.

1. 4 + 1

❶ $4 + 1 = 4 + \square - \square$
　　(6 - $\square$) $= 10 - \square$
　　　　　　　$= \square$

❷ $4 + 1 = 4 + 4 - \square$
　　(4 - $\square$) $= \square - \square$
　　　　　　　$= \square$

> 4와 4를 더하는 식으로 바꿔 봅니다.

❸ $4 + 1 = \square + 4$
　　　　　$= \square$

15

2. 3 + 5

❶ 3 + 5 = 3 + ☐ - ☐
   7 - ☐ = 10 - ☐
          = ☐

   3에 7을 더하면 10이 됩니다.

❷ 3 + 5 = 3 + 3 + ☐
   3 + ☐ = ☐ + ☐
         = ☐

❸ 3 + 5 = ☐ + 3
         = ☐

3. 2 + 5

❶ 2 + 5 = 2 + ☐ - ☐
   8 - ☐ = 10 - ☐
          = ☐

❷ 2 + 5 = 2 + 2 + ☐
   2 + ☐ = ☐ + ☐
         = ☐

   2와 2를 더하는 식으로 바꿔 봅니다.

❸ 2 + 5 = ☐ + 2
         = ☐

2단계 ❶ (몇) + (몇) 계산하기 유형3

유형3 합이 10이 되는 덧셈

합이 10이 되는 (몇) + (몇)을 다양한 방법으로 계산해 봅시다.

💡 방법 ❶ 같은 수 + 같은 수로 생각하기

$$4 + 6 = 4 + 4 + 2$$
$$ = 8 + 2$$
$$ = 10$$

(4 + 2)

💡 방법 ❸ 두 수를 바꿔 덧셈하기

$$4 + 6 = 6 + 4$$
$$ = 10$$

◎ 계산해 보세요.

1. $2 + 8$

❶ $2 + 8 = 2 + 2 + \square$
$ \quad (2 + \square) = \square + \square$
$ \quad = \square$

💬 8을 2와 어떤 수로 가를 수 있습니다.

❷ $2 + 8 = \square + 2$
$ = \square$

💬 두 수를 바꿔 더합니다.

17

2. 3 + 7

❶ 3 + 7 = 3 + □ + 4
   □+4
       = □ + □
       = □

❷ 3 + 7 = □ + 3
       = □

   두 수를 바꿔 더합니다.

3. 1 + 9

❶ 1 + 9 = 1 + 1 + □
   1+□
       = □ + □
       = □

❷ 1 + 9 = □ + 1
       = □

2단계

1 (몇) + (몇) 계산하기 유형4

유형4 합이 10보다 큰 덧셈

합이 10보다 큰 덧셈을 세 가지 방법으로 계산해 봅시다.

방법 ① 10을 기준으로 생각하기

$$8 + 3 = 8 + 2 + 1$$
$$= 10 + 1$$
$$= 11$$

(2 + 1)

방법 ② 같은 수 + 같은 수로 생각하기

$$8 + 3 = 5 + 3 + 3$$
$$= 5 + 6$$
$$= 11$$

(5 + 3)

방법 ③ 두 수를 바꿔 덧셈하기

$$8 + 3 = 3 + 8$$
$$= 11$$

◎ 계산해 보세요.

1. 9 + 4

① 9 + 4 = 9 + ☐ + ☐
   (1 + ☐) = 10 + ☐
            = ☐

4는 1과 어떤 수로 가를 수 있습니다.

② 9 + 4 = ☐ + 4 + 4
   (☐ + 4) = ☐ + ☐
            = ☐

③ 9 + 4 = ☐ + 9
          = ☐

2. 7 + 6

❶ 7 + 6 = 7 + ☐ + ☐
   ☐+3   = 10 + ☐
           = ☐

> 7과 어떤 수를 더하면 10이 됩니다.

❷ 7 + 6 = 1 + ☐ + 6
   1+☐   = ☐ + ☐
          = ☐

❸ 7 + 6 = ☐ + 7
        = ☐

> 두 수를 바꿔 더합니다.

3. 4 + 8

❶ 4 + 8 = ☐ + ☐ + 8
   2+☐   = ☐ + 10
          = ☐

❷ 4 + 8 = 4 + ☐ + 4
   ☐+4   = ☐ + ☐
          = ☐

❸ 4 + 8 = ☐ + 4
        = ☐

1 (몇) + (몇) 계산하기

Calculation Master — 3단계

◎ 계산해 보세요.

① 1 + 1 = ☐

② 3 + 1 = ☐

③ 1 + 4 = ☐

④ 2 + 2 = ☐

⑤ 6 + 1 = ☐

⑥ 7 + 1 = ☐

⑦ 2 + 3 = ☐

⑧ 3 + 5 = ☐

⑨ 7 + 2 = ☐

⑩ 5 + 1 = ☐

⑪ 1 + 7 = ☐

⑫ 4 + 4 = ☐

3단계 ① (몇) + (몇) 계산하기

⑬ 1 + 9 = ☐

⑭ 8 + 2 = ☐

⑮ 7 + 3 = ☐

⑯ 5 + 5 = ☐

⑰ 6 + 4 = ☐

⑱ 9 + 1 = ☐

⑲ 3 + 9 = ☐

⑳ 5 + 6 = ☐

㉑ 9 + 5 = ☐

㉒ 7 + 7 = ☐

㉓ 8 + 5 = ☐

㉔ 9 + 8 = ☐

2 세 수의 덧셈 계산하기

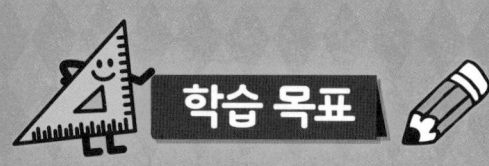

단계	학습 의도	구분	학습 주제	관련 교과
1단계	Basic Exercise 세 수를 덧셈하는 여러 가지 방법을 배웁니다.	방법1	차례대로 계산하기	
		방법2	더하기 쉬운 수부터 더하기	
		방법3	계산하기 쉽게 수 바꾸기	
2단계	One Problem Multi Solution 1단계에서 배운 여러 가지 방법을 토대로 세 수를 덧셈하는 여러 가지 유형을 계산합니다.	유형1	합이 10보다 작은 세 수의 덧셈	〈1-2〉 3.덧셈과 뺄셈(1)
		유형2	앞의 두 수의 합이 10인 세 수의 덧셈	〈1-2〉 5.덧셈과 뺄셈(2)
		유형3	뒤의 두 수의 합이 10인 세 수의 덧셈	〈1-2〉 5.덧셈과 뺄셈(2)
		유형4	양 끝 두 수의 합이 10인 세 수의 덧셈	〈1-2〉 5.덧셈과 뺄셈(2)
		유형5	합이 10보다 크거나 같은 세 수의 덧셈	〈1-2〉 5.덧셈과 뺄셈(2)
3단계	Calculation Master 앞에서 학습한 내용을 자유롭게 적용해 계산합니다.			

2. 세 수의 덧셈 계산하기

Basic Exercise

Q1 ☐ 안에 알맞은 수를 써넣으세요.

 방법 ① 차례대로 계산하기

① 2 + 3 + 3
= 5 + 2
= 7

② 5 + 2 + 1
= 7 + 1
= 8

---

① 2 + 1 + 3
= ☐ + 3
= ☐

앞에서부터 순서대로 계산합니다.

③ 3 + 3 + 2
= ☐ + 2
= ☐

② 1 + 3 + 4
= ☐ + 4
= ☐

④ 4 + 3 + 3
= ☐ + 3
= ☐

Q2 ☐ 안에 알맞은 수를 써넣으세요.

> **방법 2** 더하기 쉬운 수부터 더하기
>
> ❶ 3 + 5 + 1
>   = 3 + **6**
>   = **9**
>
> ❷ 2 + 5 + 8
>   = **10** + 5
>   = **15**

❶ 7 + 1 + 1
  = 7 + ☐
  = ☐

  뒤에 두 수를 먼저 더합니다.

❷ 6 + 2 + 1
  = 6 + ☐
  = ☐

❸ 1 + 6 + 2
  = ☐ + 6
  = ☐

  앞과 뒤의 수부터 먼저 더합니다.

❹ 2 + 7 + 1
  = ☐ + 7
  = ☐

Q3 ☐ 안에 알맞은 수를 써넣으세요.

방법 ❸ 계산하기 쉽게 수 바꾸기

❶ 1 + 2 + 3
 = 2 + 2 + 2   (↓+1, ↓−1)
 = 6

❷ 3 + 8 + 4 = 3 + 7 + 1 + 4   (7 + 1)
 = 10 + 5
 = 15

---

❶ 2 + 3 + 4   (↓+1, ↓−1)
 = ☐ + 3 + ☐
 = ☐

> 2에서 1을 더했으므로 4에서 1을 뺍니다.

❸ 1 + 2 + 1 = 1 + ☐ + 1 + 1   (☐ + 1)
 = ☐ + ☐
 = ☐

❷ 1 + 3 + 5   (↓+2, ↓−2)
 = ☐ + 3 + ☐
 = ☐

❹ 5 + 7 + 2 = 5 + ☐ + 2 + 2   (☐ + 2)
 = ☐ + ☐
 = ☐

> 7은 2와 어떤 수로 가를 수 있습니다.

2 세 수의 덧셈 계산하기

One Problem Multi Solution

2단계

유형1 합이 10보다 작은 세 수의 덧셈

세 수의 덧셈을 여러 가지 방법으로 계산하면서 어떤 방법이 제일 쉬운지 생각해 봅시다.

방법 ① 차례대로 계산하기

1 + 3 + 4
= 4 + 4
= 8

방법 ② 더하기 쉬운 수부터 더하기

1 + 3 + 4
= 5 + 3
= 8

방법 ③ 계산하기 쉽게 수 바꾸기

1 + 3 + 4
  ↓-1   ↓+1
= 0 + 3 + 5
= 0 + 8
= 8

◎ 계산해 보세요.

1. 3 + 1 + 1

① 3 + 1 + 1
= □ + 1
= □

② 3 + 1 + 1
= 3 + □
= □

③ 3 + 1 + 1
  ↓+1   ↓-1
= □ + 1 + □
= □ + □
= □

27

2. 4 + 2 + 3

❶ 4 + 2 + 3
= □ + 3
= □

❷ 4 + 2 + 3
= 4 + □
= □

❸ 4 + 2 + 3
   ↓-1 ↓+1
= □ + □ + 3
= □ + 3
= □

3. 3 + 4 + 1

❶ 3 + 4 + 1
= □ + 1
= □

❷ 3 + 4 + 1
= 3 + □
= □

❸ 3 + 4 + 1
   ↓+1   ↓-1
= □ + 4 + □
= □ + □
= □

2단계

2 세 수의 덧셈 계산하기 유형2

 유형2 앞의 두 수의 합이 10인 세 수의 덧셈

세 수의 덧셈을 여러 가지 방법으로 계산하면서 어떤 방법이 제일 쉬운지 생각해 봅시다.

💡 **방법 ①** 차례대로 계산하기

$$8 + 2 + 1$$
$$= 10 + 1$$
$$= 11$$

💡 **방법 ②** 더하기 쉬운 수부터 더하기

$$8 + 2 + 1$$
$$= 8 + 3$$
$$= 11$$

💡 **방법 ③** 계산하기 쉽게 수 바꾸기

$$8 + 2 + 1$$
$$\underset{+1}{\downarrow} \quad \underset{-1}{\downarrow}$$
$$= 9 + 2 + 0$$
$$= 11 + 0$$
$$= 11$$

◎ 계산해 보세요.

1. $4 + 6 + 1$

❶ $4 + 6 + 1$
$= \boxed{} + 1$
$= \boxed{}$

❷ $4 + 6 + 1$
$= 4 + \boxed{}$
$= \boxed{}$

❸ $4 + 6 + 1$
$\underset{+1}{\downarrow} \qquad \underset{-1}{\downarrow}$
$= \boxed{} + 6 + \boxed{}$
$= \boxed{} + \boxed{}$
$= \boxed{}$

2. 5 + 5 + 3

❶ 5 + 5 + 3
= ☐ + 3
= ☐

❷ 5 + 5 + 3
= 5 + ☐
= ☐

❸ 5 + 5 + 3 = 5 + ☐ + 3 + 3
    ☐ + 3   = ☐ + 3 + 3
                  = ☐ + 3
                  = ☐

3. 9 + 1 + 1

❶ 9 + 1 + 1
= ☐ + 1
= ☐

❷ 9 + 1 + 1
= 9 + ☐
= ☐

❸ 9 + 1 + 1
   ↓+1   ↓−1
= ☐ + 1 + ☐
= ☐ + ☐
= ☐

30

2단계 ② 세 수의 덧셈 계산하기 유형3

유형3 뒤의 두 수의 합이 10인 세 수의 덧셈

세 수의 덧셈을 여러 가지 방법으로 계산하면서 어떤 방법이 제일 쉬운지 생각해 봅시다.

방법 ❶ 차례대로 계산하기

$$2 + 6 + 4$$
$$= 8 + 4$$
$$= 12$$

방법 ❷ 더하기 쉬운 수부터 더하기

$$2 + 6 + 4$$
$$= 2 + 10$$
$$= 12$$

방법 ❸ 계산하기 쉽게 수 바꾸기

$$2 + 6 + 4 = 4 + 6 + 4 - 2$$
$$(4-2)$$
$$= 10 + 2$$
$$= 12$$

◎ 계산해 보세요.

1. $1 + 4 + 6$

❶ $1 + 4 + 6$
　$= \square + 6$
　$= \square$

❷ $1 + 4 + 6$
　$= 1 + \square$
　$= \square$

❸ $1 + 4 + 6$　(↓-1　↓+1)
　$= \square + 4 + \square$
　$= \square + \square$
　$= \square$

31

2. 4 + 8 + 2

❶ 4 + 8 + 2
= ☐ + 2
= ☐

❷ 4 + 8 + 2
= 4 + ☐
= ☐

❸ 4 + 8 + 2 = ☐ + 2 + 8 + 2
☐ + 2
          = ☐ + ☐ + 2
          = ☐ + 2
          = ☐

3. 5 + 7 + 3

❶ 5 + 7 + 3
= ☐ + 3
= ☐

❷ 5 + 7 + 3
= 5 + ☐
= ☐

❸ 5 + 7 + 3 = ☐ + 3 + 7 + 3
☐ + 3
          = ☐ + ☐ + 3
          = ☐ + 3
          = ☐

2단계

❷ 세 수의 덧셈 계산하기 유형4

유형4 양 끝 두 수의 합이 10인 세 수의 덧셈

세 수의 덧셈을 여러 가지 방법으로 계산하면서 어떤 방법이 제일 쉬운지 생각해 봅시다.

방법 ❶ 차례대로 계산하기

6 + 6 + 4
= 12 + 4
= 16

방법 ❷ 더하기 쉬운 수부터 더하기

6 + 6 + 4
= 10 + 6
= 16

방법 ❸ 계산하기 쉽게 수 바꾸기

6 + 6 + 4 = 2 + 4 + 6 + 4
(2 + 4)
= 2 + 10 + 4
= 12 + 4
= 16

◎ 계산해 보세요.

1. 7 + 6 + 3

❶ 7 + 6 + 3
= □ + 3
= □

❷ 7 + 6 + 3
= □ + 6
= □

❸ 7 + 6 + 3 = □ + 4 + 6 + 3
  (□ + 4)
= □ + □ + 3
= □ + 3
= □

2. 9 + 5 + 1

❶ 9 + 5 + 1
= ☐ + 1
= ☐

❷ 9 + 5 + 1
= ☐ + 5
= ☐

> 9와 1을 먼저 더합니다.

❸ 9 + 5 + 1 = ☐ + 5 + 5 + 1
☐+5
= ☐ + ☐ + 1
= ☐ + 1
= ☐

3. 8 + 3 + 2

❶ 8 + 3 + 2
= ☐ + 2
= ☐

❷ 8 + 3 + 2
= ☐ + 3
= ☐

❸ 8 + 3 + 2 = ☐ + 7 + 3 + 2
☐+7
= ☐ + ☐ + 2
= ☐ + 2
= ☐

2단계 ② 세 수의 덧셈 계산하기 유형5

유형5 합이 10보다 크거나 같은 세 수의 덧셈

세 수의 덧셈을 여러 가지 방법으로 계산하면서 어떤 방법이 제일 쉬운지 생각해 봅시다.

방법 ① 차례대로 계산하기

5 + 3 + 3
= 8 + 3
= 11

방법 ② 더하기 쉬운 수부터 더하기

5 + 3 + 3
= 5 + 6
= 11

방법 ③ 계산하기 쉽게 수 바꾸기

5 + 3 + 3 = 5 + 3 + 2 + 1 (2 + 1)
= 5 + 5 + 1
= 10 + 1
= 11

◎ 계산해 보세요.

1. 4 + 5 + 3

① 4 + 5 + 3
= □ + 3
= □

② 4 + 5 + 3
= □ + 5
= □

③ 4 + 5 + 3 (↓+1 ↓−1)
= 5 + □ + □
= □ + □
= □

2. 6 + 2 + 2

❶ 6 + 2 + 2
= ☐ + 2
= ☐

❷ 6 + 2 + 2
= 6 + ☐
= ☐

> 2와 2를 먼저 더합니다.

❸ 6 + 2 + 2
   ↓+2   ↓-2
= 8 + ☐ + ☐
= ☐ + ☐
= ☐

3. 7 + 2 + 5

❶ 7 + 2 + 5
= ☐ + 5
= ☐

❷ 7 + 2 + 5
= 7 + ☐
= ☐

> 2와 5를 먼저 더합니다.

❸ 7 + 2 + 5 = 7 + 2 + ☐ + 4
   ☐+4   = 7 + ☐ + 4
          = ☐ + 4
          = ☐

2. 세 수의 덧셈 계산하기

Calculation Master 3단계

◎ 계산해 보세요.

① 3 + 3 + 3 =

② 2 + 5 + 1 =

③ 1 + 7 + 1 =

④ 4 + 1 + 3 =

⑤ 5 + 3 + 1 =

⑥ 2 + 8 + 2 =

⑦ 1 + 9 + 3 =

⑧ 3 + 7 + 5 =

⑨ 4 + 6 + 3 =

⑩ 6 + 4 + 1 =

⑪ 8 + 3 + 2 =

⑫ 3 + 3 + 7 =

3단계 ② 세 수의 덧셈 계산하기

⑬ 6 + 5 + 5 =

⑭ 8 + 9 + 1 =

⑮ 2 + 8 + 8 =

⑯ 5 + 7 + 5 =

⑰ 7 + 9 + 3 =

⑱ 8 + 5 + 2 =

⑲ 5 + 4 + 5 =

⑳ 7 + 2 + 3 =

㉑ 3 + 6 + 9 =

㉒ 5 + 4 + 8 =

㉓ 9 + 3 + 5 =

㉔ 7 + 6 + 5 =

3 (몇십 몇) + (몇) 계산하기

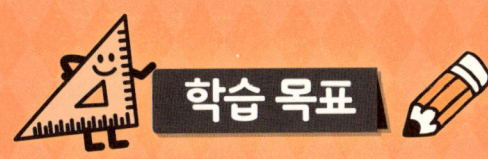

학습 목표

단계	학습 의도	구분	학습 주제	관련 교과
1단계	**Basic Exercise** (몇십 몇)+(몇)을 계산하는 여러 가지 방법을 배웁니다.	방법1	(몇십)+(몇)으로 계산하기	
		방법2	(몇)을 가르기하거나 (몇)−(몇)으로 바꾸기	
2단계	**One Problem Multi Solution** 1단계에서 배운 여러 가지 방법을 토대로 (몇십 몇)+(몇)의 여러 가지 유형을 계산합니다.	유형1	(몇십) + (몇)의 계산	〈1−2〉 3.덧셈과 뺄셈(1)
		유형2	받아올림이 없는 (몇십) + (몇)의 계산	〈1−2〉 3.덧셈과 뺄셈(1)
		유형3	받아올림이 있는 (몇십) + (몇)의 계산	〈1−2〉 3.덧셈과 뺄셈(1)
3단계	**Calculation Master** 앞에서 학습한 내용을 자유롭게 적용해 계산합니다.			

Basic Exercise

3 (몇십 몇) + (몇) 계산하기

1단계

Q1 ☐ 안에 알맞은 수를 써넣으세요.

방법 ❶ (몇십)+(몇)으로 계산하기

❶ 11 + 5 = 10 + [1] + 5
　10 + [1]　　= 10 + [6]
　　　　　　= [16]

❷ 28 + 3
　　↓+2
　= [30] + 3 - [2]
　= [33] - [2]
　= [31]

---

❶ 13 + 1 = 10 + ☐ + 1
　10 + ☐　　= 10 + ☐
　　　　　　= ☐

　13을 10과 어떤 수로 가르기 합니다.

❸ 33 + 8
　　↓+7
　= ☐ + 8 - ☐
　= ☐ - ☐
　= ☐

　33에 더한 7은 나중에 빼 주어야 합니다.

❷ 15 + 2 = 10 + 5 + ☐
　10 + ☐　　= 10 + ☐
　　　　　　= ☐

　15를 10과 어떤 수를 가르기 합니다.

❹ 29 + 3
　　↓+1
　= ☐ + 3 - ☐
　= ☐ - ☐
　= ☐

Q2 ☐ 안에 알맞은 수를 써넣으세요.

방법 ❷ (몇)을 가르기하거나 (몇)−(몇)으로 바꾸기

❶ 17 + 4 = 17 + **3** + 1
   3 + 1 = **20** + 1
             = **21**

❷ 13 + 6 = 13 + **7** − 1
   7 − 1 = **20** − 1
             = **19**

---

❶ 18 + 5 = 18 + ☐ + 3
   ☐ + 3 = ☐ + 3
         = ☐

18에 더하기 쉬운 수로 5를 가르기 해 봅니다.

❸ 12 + 7 = 12 + ☐ − 1
   ☐ − 1 = ☐ − 1
         = ☐

12에 더하기 쉬운 수로 7을 바꿔 봅니다.

❷ 28 + 4 = 28 + ☐ + 2
   2 + ☐ = ☐ + 2
         = ☐

❹ 25 + 4 = 25 + 5 − ☐
   5 − ☐ = ☐ − 1
         = ☐

3 (몇십 몇) + (몇) 계산하기

One Problem Multi Solution

2단계

유형1 (몇십) + (몇)의 계산

(몇십) + (몇)의 계산 원리를 살펴보고 문제를 풀어 봅시다.

(몇십)+(몇)을 세로셈으로 나타내어 살펴봅시다.

	십의 자리	일의 자리
	2	0
+		3
	2	3

1. 일의 자리

0과 3을 더합니다.
0에 3을 더하면 3입니다.

2. 십의 자리

2에 아무 수도 더하지 않습니다.
그대로 2입니다.

따라서 정답은 23입니다.

$$2\ 0 + 3 = 2\ 3$$

◎ 계산해 보세요.

1. $10 + 5$

❶ 세로셈으로 계산하기

```
    1 0
  +   5
  ─────
    □ □
```

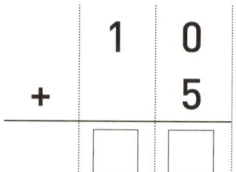

일의 자리 수끼리 더하고, 십의 자리 숫자를 내려 씁니다.

❷ 가로셈으로 계산하기

$$\boxed{1}\ \boxed{0} + \boxed{5} = \boxed{\ }\ \boxed{\ }$$

2. 30 + 6

❶ 세로셈으로 계산하기

```
    3 0
+     6
─────────
   □ □
```

❷ 가로셈으로 계산하기

3 0 + 6 = □□

3. 40 + 7

❶ 세로셈으로 계산하기

```
    4 0
+     7
─────────
   □ □
```

❷ 가로셈으로 계산하기

4 0 + 7 = □□

2단계 ③ (몇십 몇) + (몇) 계산하기 유형2

유형2 받아올림이 없는 (몇십 몇) + (몇)의 계산

받아올림이 없는 (몇십 몇) + (몇)을 두 가지 방법으로 계산해 봅시다.

방법 ① (몇십)+(몇)으로 계산하기

11 + 8 = 10 + 1 + 8
  (10 + 1)
      = 10 + 9
      = 19

방법 ② (몇)을 (몇) - (몇)으로 바꾸기

11 + 8 = 11 + 9 - 1
      (9 - 1)
      = 20 - 1
      = 19

◎ 계산해 보세요.

1. 23 + 5

① 23 + 5 = 20 + ☐ + 5
   (20 + ☐)
         = 20 + ☐
         = ☐

(몇십 몇)을 (몇십)과 (몇)으로 가르기 해 봅시다.

② 23 + 5 = 23 + ☐ - 2
   (☐ - 2)
         = ☐ - 2
         = ☐

2. 36 + 2

❶ 36 + 2 = ☐ + 6 + ☐
    ☐ + 6
         = 30 + ☐
         = ☐

> 36은 30과 어떤 수로 가를 수 있습니다.

❷ 36 + 2 = 36 + 4 - ☐
    4 - ☐
         = ☐ - 2
         = ☐

> 36에 어떤 수를 더해 40을 만들어 봅니다.

3. 61 + 8

❶ 61 + 8 = 60 + ☐ + 8
    60 + ☐
         = 60 + ☐
         = ☐

❷ 61 + 8 = 61 + ☐ - 1
    ☐ - 1
         = ☐ - 1
         = ☐

2단계 3 (몇십 몇) + (몇) 계산하기   유형3

유형3 받아올림이 있는 (몇십 몇) + (몇)의 계산

받아올림이 있는 (몇십 몇) + (몇)을 두 가지 방법으로 계산해 봅시다.

방법 ① (몇십)+(몇)으로 계산하기

16 + 6
= 20 + 6 - 4   (↓+4)
= 26 - 4
= 22

방법 ② (몇)을 가르기하여 계산하기

16 + 6 = 16 + 4 + 2   (4+2)
= 20 + 2
= 22

◎ 계산해 보세요.

1. 49 + 3

❶ 49 + 3
= ☐ + 3 - ☐   (↓+1)
= ☐ - ☐
= ☐

> 49에 더한 수는 나중에 빼주어야 합니다.

❷ 49 + 3 = 49 + ☐ + 2
☐ + 2 = ☐ + 2
= ☐

> 49에 더하기 쉬운 수로 3을 가르기 해 봅시다.

2. 58 + 7

❶ 58 + 7
   　　↓+2
 = ☐ + 7 - ☐
 = ☐ - ☐
 = ☐

❷ 58 + 7 = 58 + 2 + ☐
   2+☐   = ☐ + 5
          = ☐

> 58에 더하기 쉬운 수로 7을 가르기 해 봅시다.

3. 79 + 2

❶ 79 + 2
   　　↓+1
 = ☐ + 2 - ☐
 = ☐ - ☐
 = ☐

❷ 79 + 2 = 79 + ☐ + 1
   ☐+1   = ☐ + 1
          = ☐

3. (몇십 몇) + (몇) 계산하기

◎ 계산해 보세요.

① 50 + 1 =
② 30 + 2 =
③ 60 + 4 =
④ 70 + 5 =
⑤ 20 + 6 =
⑥ 10 + 7 =

⑦ 40 + 8 =
⑧ 90 + 9 =
⑨ 17 + 1 =
⑩ 35 + 3 =
⑪ 54 + 4 =
⑫ 41 + 6 =

3단계 ❸ (몇십 몇) + (몇) 계산하기

⑬ 81 + 7 =

⑭ 92 + 5 =

⑮ 44 + 2 =

⑯ 62 + 6 =

⑰ 19 + 2 =

⑱ 58 + 3 =

⑲ 88 + 5 =

⑳ 79 + 6 =

㉑ 37 + 7 =

㉒ 28 + 9 =

㉓ 74 + 8 =

㉔ 76 + 9 =

4 (몇십) + (몇십) 계산하기

 학습 목표

단계	학습 의도	구분	학습 주제	관련 교과
1단계	**Basic Exercise** (몇십)+(몇십)을 계산하는 여러 가지 방법을 배웁니다.	방법1	(몇) + (몇) 활용하기	
		방법2	같은 수 + 같은 수로 생각하기	
2단계	**One Problem Multi Solution** 1단계에서 배운 여러 가지 방법을 토대로 (몇십)+(몇십)의 여러 가지 유형을 계산합니다.	유형1	같은 수끼리의 덧셈	〈1-2〉 3.덧셈과 뺄셈(1)
		유형2	(몇십) + 10의 계산	〈1-2〉 3.덧셈과 뺄셈(1)
		유형3	서로 다른 수끼리의 덧셈	〈1-2〉 3.덧셈과 뺄셈(1)
3단계	**Calculation Master** 앞에서 학습한 내용을 자유롭게 적용해 계산합니다.			

Basic Exercise

4 (몇십) + (몇십) 계산하기 단계

Q1 ☐ 안에 알맞은 수를 써넣으세요.

💡 **방법 ①** (몇) + (몇) 활용하기

① 2 + 2 ➡ 20 + 20
     4   = 4 0
          = 40

② 3 + 2 ➡ 30 + 20
     5   = 5 0
          = 50

---

① 3 + 3 ➡ 30 + 30
   ☐   = ☐0
         = ☐

2+2를 이용해 20+20을 계산할 수 있습니다.

③ 4 + 3 ➡ 40 + 30
   ☐   = ☐0
         = ☐

② 4 + 1 ➡ 40 + 10
   ☐   = ☐0
         = ☐

4+1을 계산한 후, 뒤에 0을 붙입니다.

④ 5 + 2 ➡ 50 + 20
   ☐   = ☐0
         = ☐

Q2 ☐ 안에 알맞은 수를 써넣으세요.

방법 2 같은 수 + 같은 수로 생각하기

❶ 10 + 20 = 10 + [10] + 10
   [10]+10 = [20] + 10
           = [30]

❷ 30 + 10 = [20] + 10 + 10
   [20]+10 = [20] + [20]
           = [40]

---

❶ 10 + 30 = 10 + ☐ + 20
   10+☐   = ☐ + 20
         = ☐

> 같은 몇십끼리의 덧셈이 되도록 수를 가르어 봅니다.

❸ 50 + 10 = ☐ + 10 + 10
   ☐+10   = ☐ + ☐
         = ☐

❷ 20 + 40 = 20 + ☐ + 20
   ☐+20   = ☐ + 20
         = ☐

> 40은 20과 어떤 수로 가를 수 있습니다.

❹ 50 + 30 = ☐ + 30 + 30
   20+☐   = ☐ + ☐
         = ☐

4. (몇십) + (몇십) 계산하기

One Problem Multi Solution  2단계

유형1 같은 수끼리의 덧셈

같은 수를 더하는 (몇십) + (몇십)을 계산해 봅시다.

방법 ① (몇) + (몇) 활용하기

3 + 3 ➡ 30 + 30
6   = 6 0
       = 60

◎ 계산해 보세요.

1. 20 + 20

❶ 2 + 2 ➡ 20 + 20
   □   = □0
        = □

> 십의 자리 숫자끼리 더한 다음 0을 붙입니다.

2. 40 + 40

❷ 4 + 4 ➡ 40 + 40
   □   = □0
        = □

2단계 ❹ (몇십) + (몇십) 계산하기 유형2

유형2 (몇십) + 10의 계산

(몇십)+10을 두 가지 방법으로 계산해 보고, 어떤 규칙이 있는지 생각해 봅시다.

방법 ❶ (몇) + (몇) 활용하기

4 + 1 ➡ 40 + 10
  5   = 50
            = 50

방법 ❷ 같은 수 + 같은 수로 생각하기

40 + 10 = 30 + 10 + 10
 30 + 10
         = 30 + 20
         = 50

◎ 계산해 보세요.

1. 60 + 10

❶ 6 + 1 ➡ 60 + 10
   □ = □0
     = □

   십의 자리 숫자끼리 먼저 더한 다음 0을 붙입니다.

❷ 60 + 10 = □ + 10 + 10
   □ + 10
         = □ + □
         = □

   2+2를 이용해 20+20을 계산할 수 있습니다.

2. 70 + 10

❶ 7 + 1 ➡ 70 + 10

□ = □0

= □

> 7+1을 이용해 70+10을 계산할 수 있습니다.

❷ 70 + 10 = □ + 10 + 10

□ + 10

= □ + □

= □

3. 10 + 50

❶ 1 + 5 ➡ 10 + 50

□ = □0

= □

❷ 10 + 50 = 10 + □ + 40

□ + 40

= □ + 40

= □

> 50은 40과 어떤 수로 가를 수 있습니다.

2단계   ❹ (몇십) + (몇십) 계산하기   유형3

유형3 서로 다른 수끼리의 덧셈

더하는 수가 서로 다른 (몇십) + (몇십)을 두 가지 방법으로 계산해 봅시다.

방법 ❶ (몇) + (몇) 활용하기

$$4 + 2 \Rightarrow 40 + 20$$
$$6 \qquad = 60$$
$$\qquad = 60$$

방법 ❷ 같은 수 + 같은 수로 생각하기

$$40 + 20 = 20 + 20 + 20$$
$$\text{(20 + 20)} \quad = 40 + 40$$
$$\qquad = 60$$

◎ 계산해 보세요.

1. 20 + 50

❶ $2 + 5 \Rightarrow 20 + 50$
$\square = \square 0$
$= \square$

> 십의 자리 숫자끼리 먼저 더한 다음 0을 붙입니다.

❷ $20 + 50 = 20 + \square + 30$
$\square + 30 = \square + 30$
$= \square$

56

2. 30 + 50

❶ 3 + 5 ➡ 30 + 50

□ = □0

= □

> 3+5를 이용해 30+50을 계산할 수 있습니다.

❷ 30 + 50 = 30 + □ + 20

□ + 20 = □ + 20

= □

3. 70 + 20

❶ 7 + 2 ➡ 70 + 20

□ = □0

= □

❷ 70 + 20 = □ + 20 + 20

□ + 20 = □ + □

= □

4 (몇십) + (몇십) 계산하기

◎ 계산해 보세요.

① 10 + 10 =

② 30 + 30 =

③ 40 + 40 =

④ 10 + 40 =

⑤ 80 + 10 =

⑥ 10 + 60 =

⑦ 10 + 70 =

⑧ 10 + 80 =

⑨ 20 + 10 =

⑩ 30 + 10 =

⑪ 50 + 10 =

⑫ 60 + 20 =

3단계 ④ (몇십) + (몇십) 계산하기

⑬ 20 + 30 = ☐

⑭ 20 + 50 = ☐

⑮ 40 + 30 = ☐

⑯ 30 + 50 = ☐

⑰ 20 + 40 = ☐

⑱ 50 + 20 = ☐

⑲ 50 + 30 = ☐

⑳ 20 + 60 = ☐

㉑ 20 + 70 = ☐

㉒ 30 + 60 = ☐

㉓ 40 + 50 = ☐

㉔ 50 + 40 = ☐

5 (몇십 몇) + (몇십 몇) 계산하기

학습 목표

단계	학습 의도	구분	학습 주제	관련 교과
1단계	**Basic Exercise** (몇십 몇)+(몇십 몇)을 계산하는 여러 가지 방법을 배웁니다.	방법1	십의 자리부터 계산하기	
		방법2	같은 수끼리의 덧셈 이용하기	
		방법3	수를 바꿔 덧셈하기	
		방법4	(몇십)으로 바꿔 계산하기	
2단계	**One Problem Multi Solution** 1단계에서 배운 여러 가지 방법을 토대로 (몇십 몇)+(몇십 몇)의 여러 가지 유형을 계산합니다.	유형1	(몇십 몇)+(몇십)의 계산(1)	〈1-2〉 3.덧셈과 뺄셈(1)
			(몇십 몇)+(몇십)의 계산(2)	
		유형2	(몇십 몇)+(몇십 몇)의 계산(1)	〈1-2〉 3.덧셈과 뺄셈(1)
			(몇십 몇)+(몇십 몇)의 계산(2)	
3단계	**Calculation Master** 앞에서 학습한 내용을 자유롭게 적용해 계산합니다.			

5. (몇십 몇) + (몇십 몇) 계산하기

Basic Exercise — 1단계

Q1 □ 안에 알맞은 수를 써넣으세요.

방법 1 십의 자리부터 계산하기

❶ 13 + 11

십의 자리	일의 자리
1 + 1	3 + 1
2	4

= 2 4

❷ 21 + 14

십의 자리	일의 자리
2 + 1	1 + 4
3	5

= 3 5

❶ 15 + 12

십의 자리	일의 자리
□ + □	□ + □
□	□

= □□

❸ 25 + 22

십의 자리	일의 자리
□ + □	□ + □
□	□

= □□

❷ 17 + 11

십의 자리	일의 자리
□ + □	□ + □
□	□

= □□

❹ 27 + 31

십의 자리	일의 자리
□ + □	□ + □
□	□

= □□

Q2 ☐ 안에 알맞은 수를 써넣으세요.

방법 ❷ 같은 수끼리의 덧셈 이용하기

❶ 13 + 12 = **12** + 12 + 1
   (12 + 1)
   = **24** + 1
   = **25**

❷ 23 + 25 = 23 + **23** + 2
   (23 + 2)
   = **46** + 2
   = **48**

❶ 25 + 24 = ☐ + 24 + 1
   (☐ + 1)
   = ☐ + 1
   = ☐

> 같은 수끼리 덧셈이 되도록 25를 바꿔 봅니다.

❸ 21 + 22 = 21 + ☐ + 1
   (☐ + 1)
   = ☐ + 1
   = ☐

> 같은 수끼리 덧셈이 되도록 21을 바꿔 봅니다.

❷ 34 + 32 = ☐ + 32 + 2
   (32 + ☐)
   = ☐ + 2
   = ☐

❹ 41 + 42 = 41 + ☐ + 1
   (41 + ☐)
   = ☐ + 1
   = ☐

Q3 ☐ 안에 알맞은 수를 써넣으세요.

방법 ③ 수를 바꿔 덧셈하기

❶ 17+12 = (17+ 2)+(12- 2)
     = 19+ 10
     = 29

❷ 11+16 = (11- 1)+(16+ 1)
     = 10+ 17
     = 27

---

❶ 28+11 = (28+ ☐)+(11- ☐)
     = 29+ ☐
     = ☐

11을 10으로 바꾸면 계산이 쉬워집니다.

❸ 21+36 = (21- ☐)+(36+ ☐)
     = 20+ ☐
     = ☐

21을 20으로 바꾸면 계산이 쉬워집니다.

❷ 37+12 = (37+ ☐)+(12- ☐)
     = ☐ +10
     = ☐

❹ 42+54 = (42- ☐)+(54+ ☐)
     = 40+ ☐
     = ☐

Q4 □ 안에 알맞은 수를 써넣으세요.

방법 4 (몇십)으로 바꿔 계산하기

❶ 32 + 11 = 30 + 10 + [2] + [1]
       = [40] + 3
       = [43]

❷ 21 + 42 = 20 + 40 + [1] + [2]
       = [60] + 3
       = [63]

❶ 51 + 13 = 50 + 10 + □ + □
       = □ + □
       = □

❸ 62 + 14 = 60 + 10 + □ + □
       = □ + □
       = □

❷ 22 + 52 = □ + 50 + 2 + □
       = □ + □
       = □

❹ 75 + 13 = □ + 10 + 5 + □
       = □ + □
       = □

5. (몇십 몇) + (몇십 몇) 계산하기

One Problem Multi Solution · 2단계

유형1 (몇십 몇) + (몇십)의 계산(1)

(몇십 몇) + (몇십)을 여러 가지 방법으로 계산해 봅시다.

방법 ❶ 십의 자리부터 계산하기

42 + 30

십의 자리	일의 자리
4 + 3	2 + 0
7	2

= 72

방법 ❷ 같은 수끼리의 덧셈 이용하기

42 + 30 = 12 + 30 + 30
(12 + 30)
= 12 + 60
= 72

◎ 계산해 보세요.

1. 24 + 10

❶ 24 + 10

십의 자리	일의 자리
☐ + ☐	☐ + ☐
☐	☐

= ☐

 각 자리의 숫자끼리 더합니다.

❷ 24 + 10 = ☐ + 10 + 10
   ☐ + 10
   = ☐ + ☐
   = ☐

2. 63 + 20

❶ 63 + 20

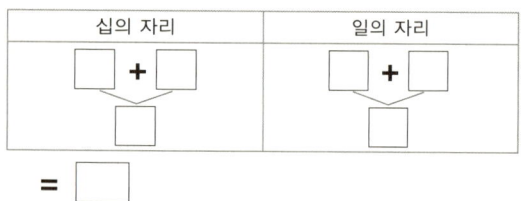

= ☐

❷ 63 + 20 = ☐ + 20 + 20

☐ +20

= ☐ + ☐

= ☐

3. 70 + 28

❶ 70 + 28

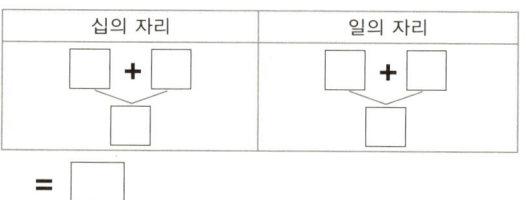

= ☐

❷ 70 + 28 = 78 + ☐

78 + ☐ = ☐ + 20 + 20

☐ +20

= ☐ + ☐

= ☐

> 70+28은 78+20으로 바꿀 수 있습니다.

2단계 ❺ (몇십 몇) + (몇십 몇) 계산하기 유형1

 유형1 (몇십 몇) + (몇십)의 계산(2)

(몇십 몇) + (몇십)을 여러 가지 방법으로 계산해 봅시다.

방법 ❸ 수를 바꿔 덧셈하기

42 + 30 = 42 − 2 + 30 + 2
       = 40 + 30 + 2
       = 70 + 2
       = 72

방법 ❹ (몇십)으로 바꿔 계산하기

42 + 30 = 40 + 30 + 2
       = 70 + 2
       = 72

◎ 계산해 보세요.

1. 32 + 20

❶ 32 + 20 = 32 − □ + 20 + 2
         = □ + 20 + 2
         = □ + 2
         = □

❷ 32 + 20 = 30 + 20 + 2
         = □ + □
         = □

2. 43 + 30

❶ 43 + 30 = 43 - ☐ + 30 + 3
           = ☐ + 30 + 3
           = ☐ + 3
           = ☐

> 43에서 뺀 만큼 30에 더해야 합니다.

❷ 43 + 30 = 40 + 30 + ☐
           = ☐ + ☐
           = ☐

3. 50 + 18

❶ 50 + 18 = 50 + 18 - ☐ + 8
           = 50 + ☐ + 8
           = ☐ + 8
           = ☐

❷ 50 + 18 = 50 + 10 + ☐
           = ☐ + 8
           = ☐

2단계 ❺ (몇십 몇) + (몇십 몇) 계산하기 유형2

유형2 (몇십 몇) + (몇십 몇)의 계산 (1)

(몇십 몇) + (몇십 몇)을 여러 가지 방법으로 계산해 봅시다.

방법 ❶ 십의 자리부터 계산하기

25 + 22

십의 자리	일의 자리
2 + 2	5 + 2
4	7

= 47

방법 ❷ 같은 수끼리의 덧셈 이용하기

25 + 22 = 22 + 22 + 3
   (22 + 3)
= 44 + 3
= 47

◎ 계산해 보세요.

1. 44 + 43

❶ 44 + 43

십의 자리	일의 자리
□ + □	□ + □
□	□

= □

👉 십의 자리 숫자끼리, 일의 자리 숫자끼리 더합니다.

❷ 44 + 43 = □ + 43 + 1
   (□ + 1)
= □ + 1
= □

👉 44는 1과 어떤 수로 가를 수 있습니다.

2. 36 + 22

❶ 36 + 22

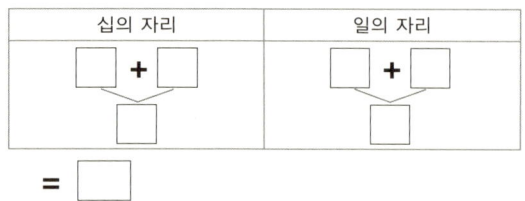

= ☐

❷ 36 + 22 = ☐ + 22 + 22
   ☐ + 22
        = ☐ + ☐
        = ☐

3. 71 + 13

❶ 71 + 13

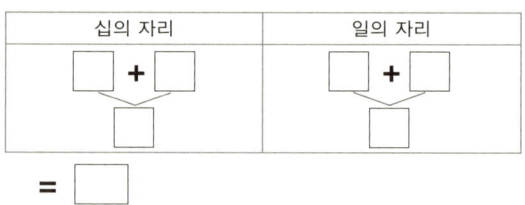

= ☐

❷ 71 + 13 = 73 + 11
  = 73 + 11 = ☐ + 11 + ☐
      ☐ + 11
           = ☐ + ☐
           = ☐

71+13은 73+11로 바꿀 수 있습니다.

2단계

5 (몇십 몇) + (몇십 몇) 계산하기 유형2

유형2 (몇십 몇) + (몇십 몇)의 계산 (2)

(몇십 몇) + (몇십 몇)을 여러 가지 방법으로 계산해 봅시다.

방법 ❸ 수를 바꿔 덧셈하기

$$25 + 12 = 25 + 2 + 12 - 2$$
$$= 27 + 10$$
$$= 37$$

방법 ❹ (몇십)으로 바꿔 계산하기

$$25 + 12 = 20 + 10 + 5 + 2$$
$$= 30 + 7$$
$$= 37$$

◎ 계산해 보세요.

1. 34 + 52

❶ $34 + 52 = 34 + \square + 52 - 2$
$ = \square + \square$
$ = \square$

❷ $34 + 52 = 30 + 50 + \square + \square$
$ = \square + \square$
$ = \square$

2. 26 + 23

❶ 26 + 23 = 26 + ☐ + 23 − 3
      = ☐ + ☐
      = ☐

❷ 26 + 23 = 20 + 20 + ☐ + ☐
      = ☐ + ☐
      = ☐

3. 61 + 14

❶ 61 + 14 = 61 − ☐ + 14 + 1
      = 60 + ☐
      = ☐

❷ 61 + 14 = 60 + 10 + ☐ + ☐
      = ☐ + ☐
      = ☐

Calculation Master

5 (몇십 몇) + (몇십 몇) 계산하기 3단계

◎ 계산해 보세요.

❶ 17 + 40 =

❷ 26 + 50 =

❸ 32 + 60 =

❹ 45 + 10 =

❺ 14 + 70 =

❻ 19 + 30 =

❼ 28 + 20 =

❽ 31 + 40 =

❾ 15 + 80 =

❿ 58 + 20 =

⓫ 29 + 40 =

⓬ 37 + 60 =

3단계 ❺ (몇십 몇) + (몇십 몇) 계산하기

⑬ 22 + 41 = ☐

⑭ 37 + 11 = ☐

⑮ 43 + 51 = ☐

⑯ 28 + 61 = ☐

⑰ 35 + 42 = ☐

⑱ 42 + 56 = ☐

⑲ 21 + 51 = ☐

⑳ 46 + 23 = ☐

㉑ 28 + 41 = ☐

㉒ 37 + 52 = ☐

㉓ 62 + 16 = ☐

㉔ 85 + 12 = ☐

6. 여러 가지 덧셈

학습 목표

단계	학습 의도	구분	학습 주제	관련 교과
1단계	Basic Exercise 덧셈을 계산하는 여러 가지 방법을 배웁니다.	방법1	그림 그리기	
		방법2	수 막대 이용하기	
		방법3	표 만들기	
		방법4	세로셈으로 풀기	
2단계	One Problem Multi Solution 1단계에서 배운 여러 가지 방법을 토대로 덧셈의 여러 가지 유형을 계산합니다.	유형1	화살표 방향으로 더하기(1)	〈1-2〉 5. 덧셈과 뺄셈(2)
			화살표 방향으로 더하기(2)	
		유형2	답이 같은 것끼리 짝짓기(1)	〈1-2〉 5. 덧셈과 뺄셈(2)
			답이 같은 것끼리 짝짓기(2)	
		유형3	수 배열에서 규칙 찾기	〈1-2〉 6. 규칙 찾기
		유형4	표에서 규칙 찾기	〈1-2〉 5. 덧셈과 뺄셈(2)
3단계	Calculation Master 앞에서 학습한 내용을 자유롭게 적용해 계산합니다.			

Basic Exercise

6 여러 가지 덧셈

1단계

Q1 알맞게 그림을 그리고 덧셈을 하세요.

> 💡 **방법 1** 그림 그리기

❶

6 + 3 = 9

❷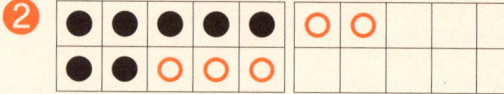

7 + 5 = 12

❶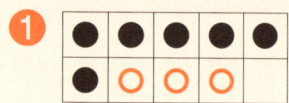

3 + 4 = ☐

> ○를 4개 더 그리고, 모두 몇 개인지 알아봅니다.

❸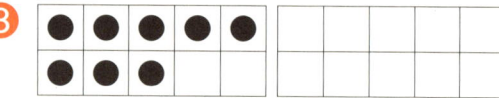

8 + 7 = ☐

❷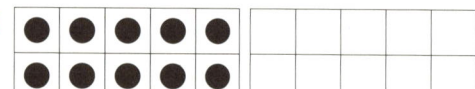

10 + 8 = ☐

❹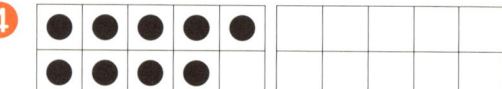

9 + 6 = ☐

76

Q2 두 길이를 더하여 전체의 길이를 구하세요.

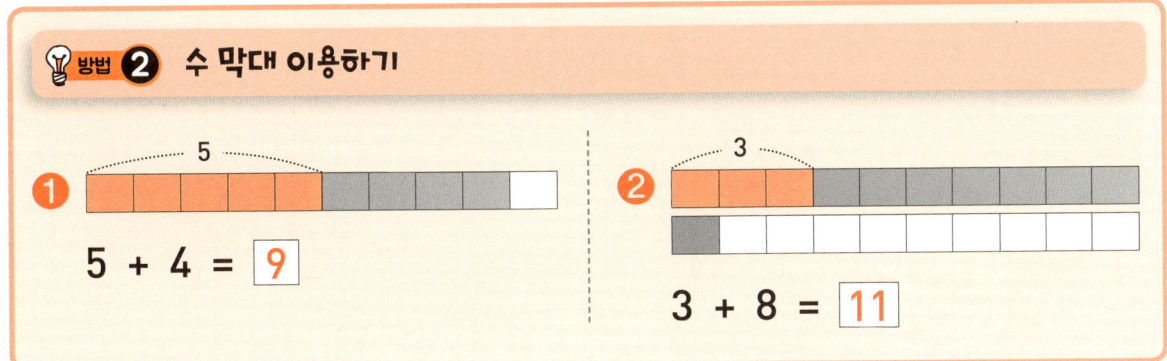

❶ 6 + 2 = ☐

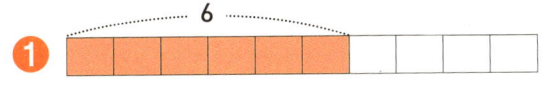

수 막대에 2칸 더 칠하고 모두 몇 칸인지 알아봅니다.

❸ 4 + 9 = ☐

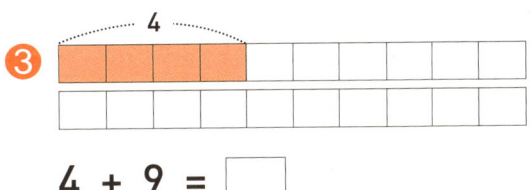

❷ 10 + 3 = ☐

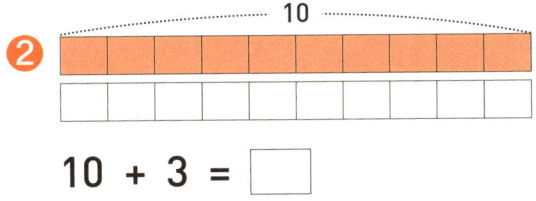

❹ 7 + 6 = ☐

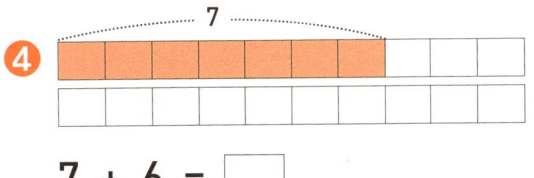

Q3 표를 만들어 덧셈 문제를 해결하세요.

방법 3 표 만들기

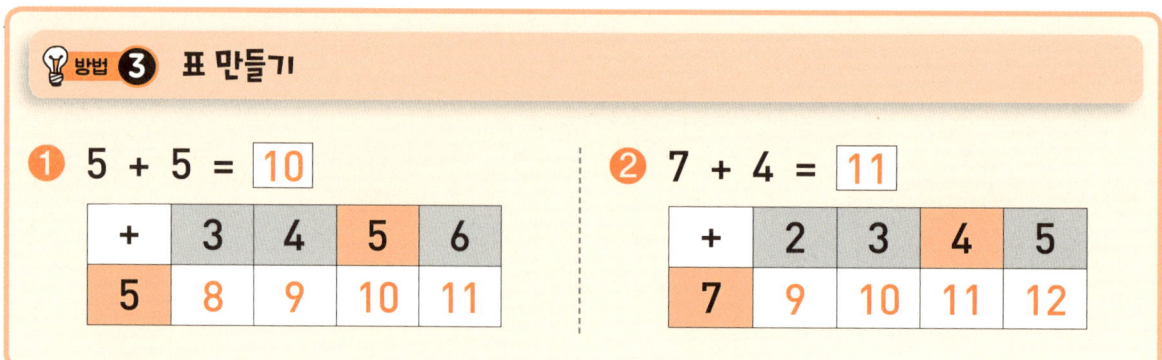

❶ 4 + 3 = ☐

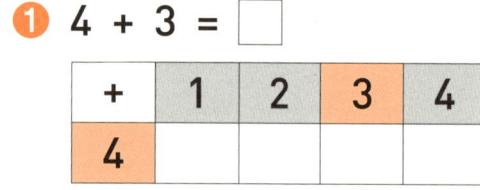

❸ 12 + 6 = ☐

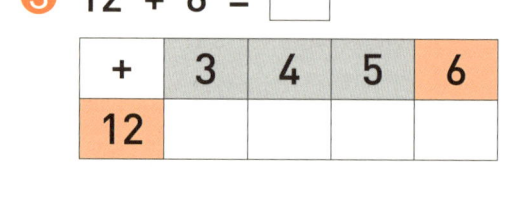

❷ 8 + 2 = ☐

❹ 9 + 3 = ☐

Q4 세로셈으로 덧셈을 하세요.

방법 ④ 세로셈으로 풀기

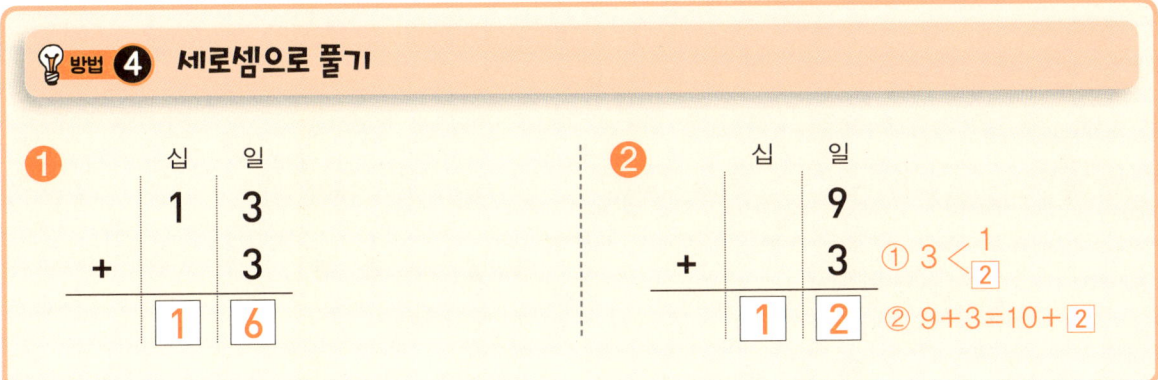

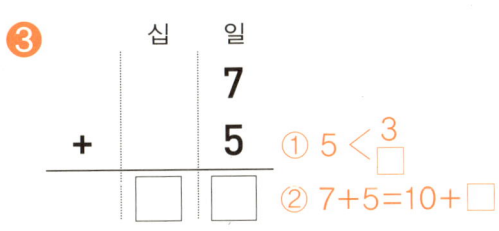

5를 3과 어떤 수로 가르면
7+5는 10과 어떤 수의 합입니다.

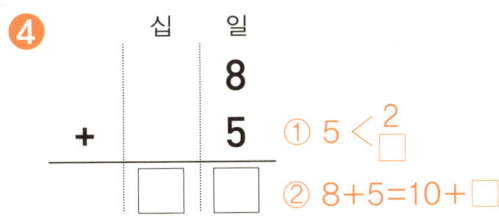

5를 2와 어떤 수로 가르면
8+5는 10과 어떤 수의 합입니다.

One Problem Multi Solution

6 여러 가지 덧셈

유형1 화살표 방향으로 더하기(1)

두 수를 여러 가지 방법으로 계산해 봅시다.

방법 ❶ 그림 그리기

13 + 2 → 15

방법 ❷ 수 막대 이용하기

13 + 2 → 15

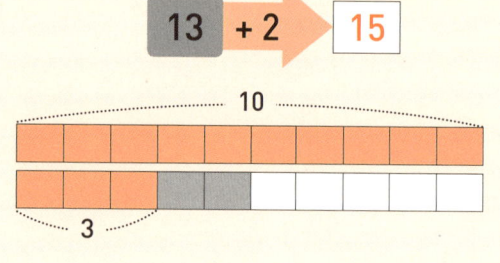

◎ 화살표 방향으로 주어진 덧셈을 계산해 보세요.

1. ❶ 8 + 6 → □

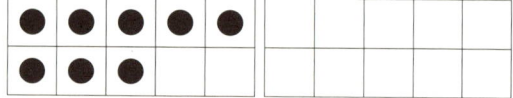

○를 6개 더 그리고, 모두 몇 개인지 알아봅니다.

❷ 8 + 6 → □

8

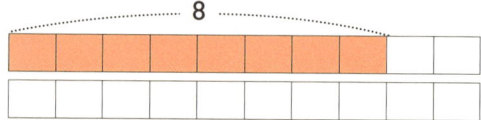

수 막대에 6칸 더 칠하고 모두 몇 칸인지 알아봅니다.

2. ❶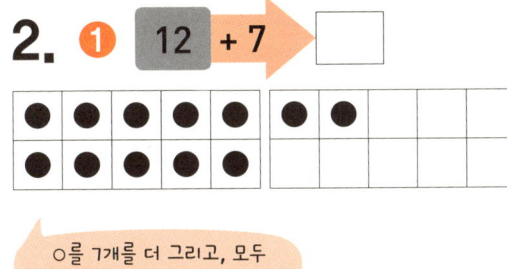

○를 7개를 더 그리고, 모두 몇 개인지 알아봅니다.

❷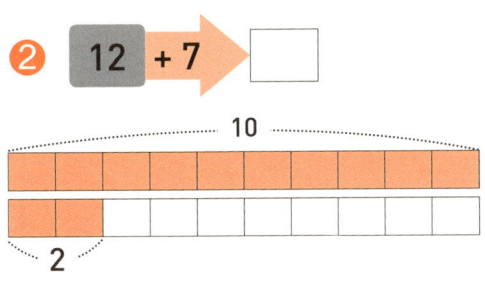

3. ❶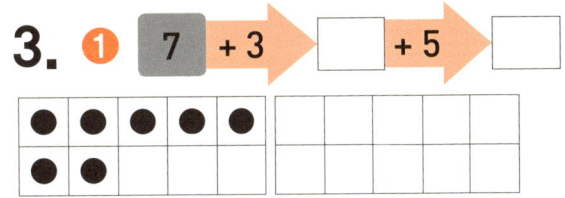

❷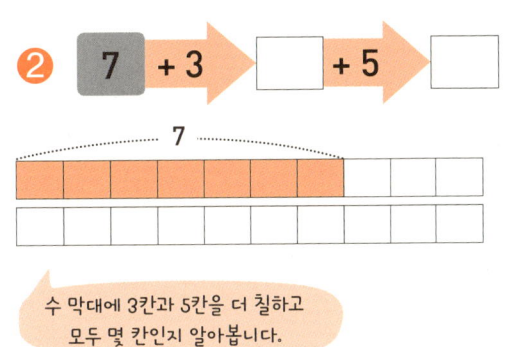

수 막대에 3칸과 5칸을 더 칠하고 모두 몇 칸인지 알아봅니다.

6 여러 가지 덧셈

One Problem Multi Solution

유형1 화살표 방향으로 더하기(2)

두 수를 여러 가지 방법으로 계산해 봅시다.

방법 ❸ 표 만들기

13 +2 → 15

+	1	2	3	4
13	14	15	16	17

◎ 화살표 방향으로 주어진 덧셈을 계산해 보세요.

1. ❶ 6 +6 → ☐

+	3	4	5	6
6				

6에서 3, 4, 5, 6을 더할 때 어떤 규칙이 있는지 생각해 봅니다.

방법 ❹ 세로셈으로 풀기

13 +2 → 15

```
    십 | 일
     1 | 3
  +    | 2
  ─────────
     1 | 5
```

❷ 6 +6 → ☐

```
   십 | 일
      | 6
 +    | 6
 ─────────
    ☐ | ☐
```

① 6 < 4/☐

② 6+6=10+☐

2. ❶

+	2	3	4	5
13				

3. ❶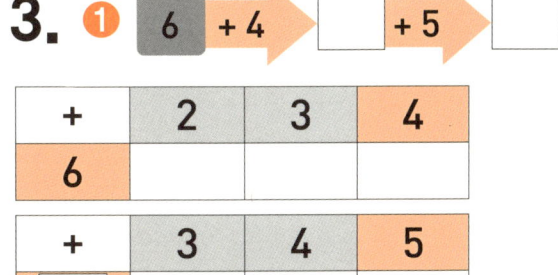

+	2	3	4
6			

+	3	4	5

❷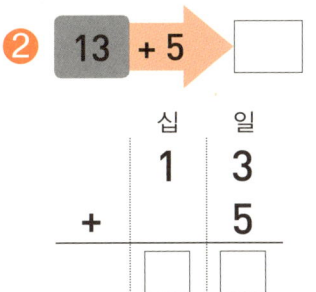

❷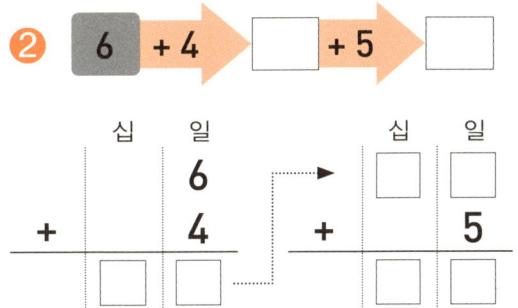

 **6 여러 가지 덧셈** 유형2

유형2 답이 같은 것끼리 짝짓기(1)

다양한 방법으로 계산 결과가 같은 것을 찾아봅시다.

방법 ❶ 그림 그리기

◎ 계산 결과가 같은 것을 찾아 선으로 연결해 보세요.

1. ❶

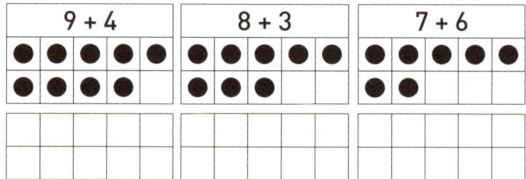

빈 칸에 알맞은 개수만큼 ○를 그리고 같은 결과가 나오는 것을 찾아봅니다.

방법 ❷ 수 막대 이용하기

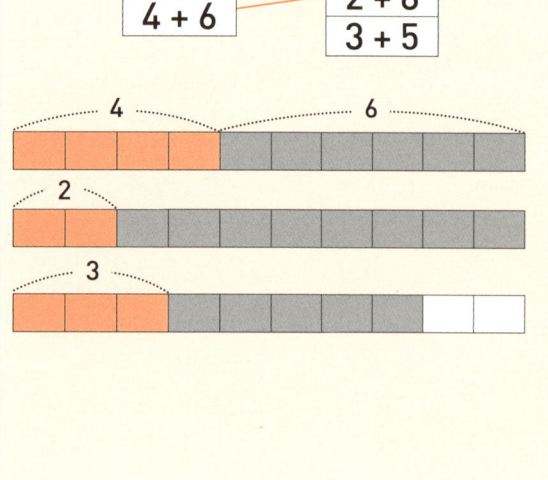

❷

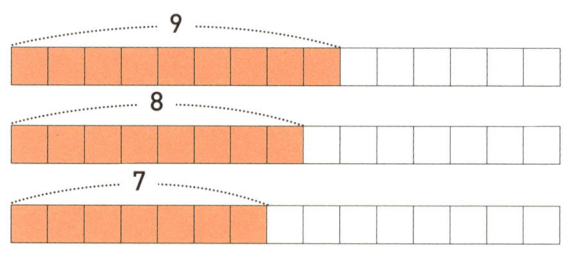

수 막대에 알맞은 개수만큼 칸을 칠하고 결과가 같은 것을 찾아봅니다.

2. ❶ | 11 + 5 | | 9 + 6 |
              | | | 8 + 8 |

❷ | 11 + 5 | | 9 + 6 |
   | | | 8 + 8 |

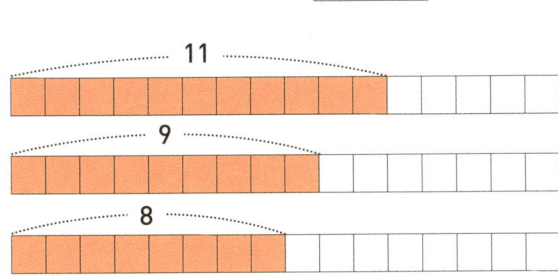

3. ❶ | 10 + 4 | | 8 + 6 |
              | | | 9 + 7 |

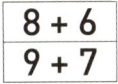

❷ | 10 + 4 | | 8 + 6 |
   | | | 9 + 7 |

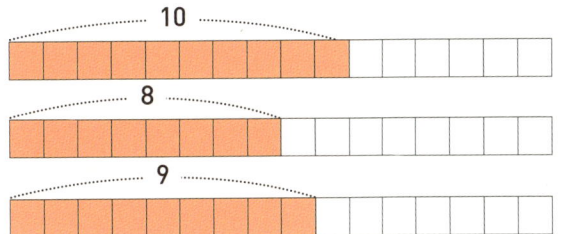

2단계 ⑥ 여러 가지 덧셈 유형2

유형2 답이 같은 것끼리 짝짓기(2)

다양한 방법으로 계산 결과가 같은 것을 찾아봅시다.

방법 ③ 표 만들기

3 + 7 ─ 5 + 5 / 4 + 7

+	4	5	6	7
3	7	8	9	10
4	8	9	10	11
5	9	10	11	12

방법 ④ 세로셈으로 풀기

3 + 7 ─ 5 + 5 / 4 + 7

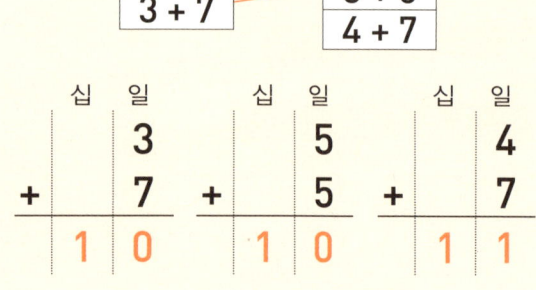

◎ 계산 결과가 같은 것을 찾아 선으로 연결해 보세요.

1. ❶ 6 + 7   7 + 5 / 8 + 5

+	4	5	6	7
6	10	11	12	
7	11		13	14
8	12		14	15

규칙을 찾아 빈 칸을 채우고, 결과가 같은 것을 찾아봅시다.

❷ 6 + 7   7 + 5 / 8 + 5

2. ❶ 10 + 3   6 + 8 / 9 + 4

+	3	4	5	6
8	11	12	13	
9	12		14	15
10		14	15	16

3. ❶ 10 + 5   8 + 6 / 7 + 8

+	5	6	7
7	12	13	14
8	13		
9	14	15	16
10		16	17

❷ 10 + 3   6 + 8 / 9 + 4

```
  십 일        십 일        십 일
   1 0          9           6
 +   3        + 4         + 8
  ─────       ─────       ─────
  □ □         □ □         □ □
```

❷ 10 + 5   8 + 6 / 7 + 8

```
  십 일        십 일        십 일
   1 0          8           7
 +   5        + 6         + 8
  ─────       ─────       ─────
  □ □         □ □         □ □
```

2단계　6 여러 가지 덧셈　유형3

유형3　수 배열에서 규칙 찾기

일렬로 늘어진 수를 보고 여러 가지 방법으로 규칙을 찾아봅시다.

| 1 | 3 | 5 | 7 | 9 |

방법 ② 수 막대 이용하기

▶ 규칙 : 2씩 커지는 규칙

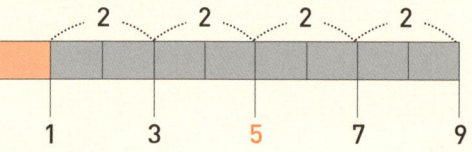

방법 ③ 표 만들기

▶ 규칙 : 2씩 커지는 규칙

+	2	2	2	2
1	3	5	7	9

방법 ④ 세로셈으로 풀기

▶ 규칙 : 2씩 커지는 규칙

```
  일      일      일      일
  1       1       5       7
+ 2     + 2     + 2     + 2
 ───     ───     ───     ───
  3       5       7       9
```

◎ 규칙을 찾아 설명하고, 빈칸에 알맞은 수를 써넣어 보세요.

1.　| 3 | 6 | ☐ | 12 |

❶ ▶ 규칙 : _____

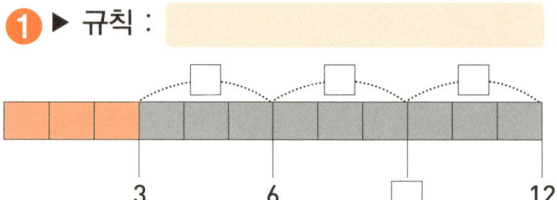

❷ ▶ 규칙 : _____

+	☐	☐	☐
3	6	☐	12

❸ ▶ 규칙 : _____

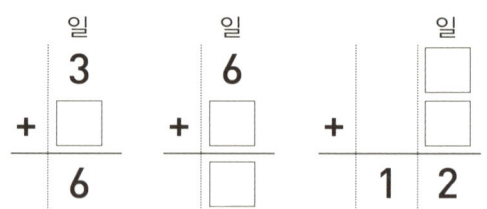

2.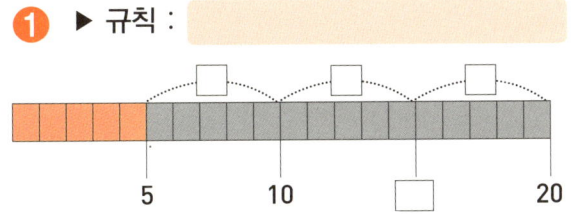

❶ ▶ 규칙 :

❷ ▶ 규칙 :

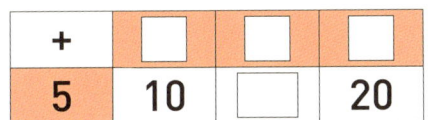

❸ ▶ 규칙 :

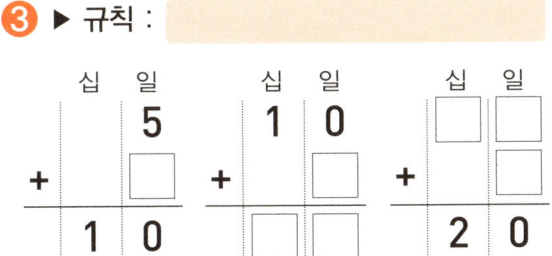

3.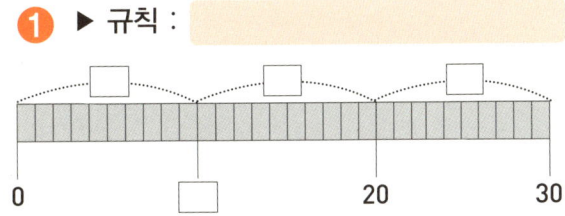

❶ ▶ 규칙 :

❷ ▶ 규칙 :

❸ ▶ 규칙 :

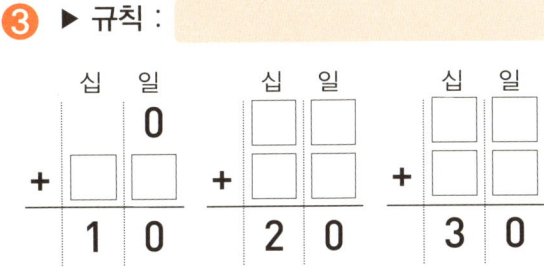

 **2단계**  **6 여러 가지 덧셈** 유형4

유형4 표에서 규칙 찾기

표 안에 든 수를 보고 여러 가지 방법으로 규칙을 찾아 빈 칸 안에 들어갈 수를 알아봅시다.

1	2			6		8		
11	12		15				19	20

방법 2 수 막대 이용하기

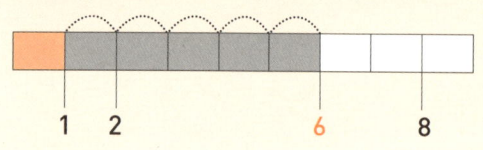

1 2   6   8

방법 3 표 만들기

+	1	2	3	4	5	6	7
1	2		4	5	6		8

◎ 표의 규칙을 찾아 빈 칸에 알맞은 수를 써넣어 보세요.

1.

1		3	4				□		10
	12	13				17			

①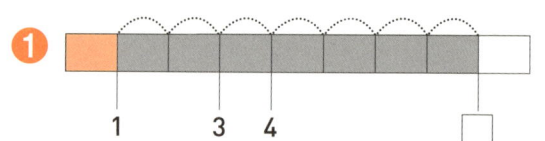

1   3 4   □

②

+	1	2	3	4	5	6	7	
1		3	4				□	10

2.

11	12		15			20
	22	23			28	

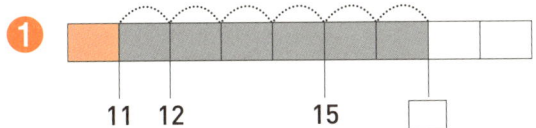

❷

+	1	2	3	4	5	6	7
11	12						

3.

11		13		16	17		
21	22				27		29

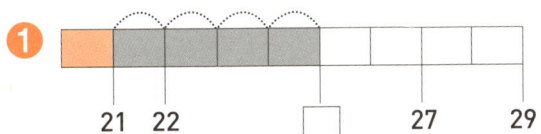

❷

+	1	2	3	4	5	6
21	22					27

6 여러 가지 덧셈

Calculation Master

3단계

◎ 계산해 보세요.

① 6 + 6 = ☐

② 9 + 5 = ☐

③ 11 + 8 = ☐

④ 4 + 6 = ☐ + 7 = ☐

⑤ 6 + 8 = ☐ + 2 = ☐

⑥ 1 + 5 = ☐ + 9 = ☐

⑦ 7 + 9   11 + 3 / 8 + 8

⑧ 11 + 6   7 + 9 / 8 + 9

⑨ 13 + 5   10 + 6 / 9 + 9

⑩ 3 + 7 + 5   11 + 4 / 8 + 10

⑪ 5 + 3 + 5   6 + 7 / 9 + 5

⑫ 9 + 6 + 4   3 + 5 + 7 / 8 + 9 + 2

3단계 **6 여러 가지 덧셈**

⑬ | 2 | 4 | ☐ | 8 |
▶ 규칙 :

⑭ | 1 | 4 | 7 | ☐ |
▶ 규칙 :

⑮ | 2 | 6 | 10 | ☐ |
▶ 규칙 :

⑯ | 5 | 10 | ☐ | 20 | 25 |
▶ 규칙 :

⑰ | 10 | 20 | ☐ | 40 | ☐ |
▶ 규칙 :

⑱ | ☐ | 30 | ☐ | 70 | 90 |
▶ 규칙 :

⑲
| 1 | 3 | ☐ | | 8 | 9 | 10 |
| | 12| 13| | 17 | | |

⑳
| 11 | 12 | 13 | | ☐ | | 20 |
| | 23 | | 25 | ☐ | | 29 |

㉑
| 21 | | 24 | | 27 | ☐ | |
| 31 | 32 | ☐ | | | 38 | 40 |

㉒
| ☐ | 23 | | 26 | | 28 | 29 |
| ☐ | | 35 | 36 | 37 | | |

㉓
| 41 | ☐ | | 45 | 46 | | 50 |
| | 52 | | 54 | | 57 | ☐ |

㉔
| 71 | 72 | | ☐ | | | 79 |
| | | 83 | | 85 | | 88 | ☐ |

7 덧셈식에서 ■의 값 구하기

 학습 목표

단계	학습 의도	구분	학습 주제	관련 교과
1단계	**Basic Exercise** 덧셈식에서 ■를 구하는 여러 가지 방법을 배웁니다.	방법1	어림하여 덧셈하기	
		방법2	수 바꿔 생각하기	
		방법3	뺄셈식 이용하기	
2단계	**One Problem Multi Solution** 1단계에서 배운 여러 가지 방법을 토대로 ■를 구하는 덧셈식의 여러 가지 유형을 계산합니다.	유형1	덧셈식을 뺄셈식으로 나타내기	〈1-2〉 5. 덧셈과 뺄셈(2)
		유형2	■ + (몇) = (몇)	〈1-2〉 5. 덧셈과 뺄셈(2)
		유형3	(몇) + ■ = (몇)	〈1-2〉 5. 덧셈과 뺄셈(2)
		유형4	■ + (몇십 몇) = (몇십 몇)	〈1-2〉 5. 덧셈과 뺄셈(2)
		유형5	(몇십 몇) + ■ = (몇십 몇)	〈1-2〉 5. 덧셈과 뺄셈(2)
3단계	**Calculation Master** 앞에서 학습한 내용을 자유롭게 적용해 계산합니다.			

Basic Exercise

7 덧셈식에서 ■의 값 구하기

1단계

Q1 덧셈식에서 ■에 알맞은 수를 구하세요.

방법 ① 어림하여 덧셈하기

❶ 3 + ■ = 5

① 3 + 1 = 4	
② 3 + 2 = 5	O
③ 3 + 3 = 6	

■ = 2

❷ ■ + 13 = 16

① 1 + 13 = 14	
② 2 + 13 = 15	
③ 3 + 13 = 16	O

■ = 3

---

❶ 5 + ■ = 6

| ① 5 + 1 = |
| ② 5 + 2 = |
| ③ 5 + 3 = |

■ =

💬 ■라고 예측되는 수를 하나씩 넣어 봅니다.

❸ ■ + 4 = 11

| ① 5 + 4 = |
| ② 6 + 4 = |
| ③ 7 + 4 = |

■ =

❷ 14 + ■ = 16

| ① 14 + 1 = |
| ② 14 + 2 = |
| ③ 14 + 3 = |

■ =

❹ ■ + 7 = 18

| ① 10 + 7 = |
| ② 11 + 7 = |
| ③ 12 + 7 = |

■ =

Q2 □ 안에 알맞은 수를 써넣으세요.

💡 방법 ❷ 수 바꿔 생각하기

❶ ■ + 3 = 9
  ■ + 4 = 10 (↓+1, ↓+1)
  ■ = 6

❷ 3 + ■ = 11
  2 + ■ = 10 (↓-1, ↓-1)
  ■ = 8

---

❶ ■ + 3 = 7
  ■ + □ = □ (↓+3, ↓+3)
  ■ = □

❸ 8 + ■ = 17
  □ + ■ = □ (↓-7, ↓-7)
  ■ = □

  > 8에서 뺀 수만큼 17에서 뺍니다.

❷ ■ + 5 = 14
  ■ + □ = □ (↓-4, ↓-4)
  ■ = □

  > 5에서 뺀 수만큼 14에서 뺍니다.

❹ 12 + ■ = 18
  □ + ■ = □ (↓+2, ↓+2)
  ■ = □

Q3 ☐ 안에 알맞은 수를 써넣으세요.

💡 방법 ❸ 뺄셈식 이용하기

❶ $4 + ■ = 6$
⇒ $6 - \boxed{4} = \boxed{2}$
   $■ = \boxed{2}$

❷ $■ + 2 = 14$
⇒ $14 - \boxed{2} = \boxed{12}$
   $■ = \boxed{12}$

---

❶ $4 + ■ = 9$
⇒ $9 - \boxed{} = \boxed{}$
   $■ = \boxed{}$

> 4에 ■를 더하면 9이므로, 9에서 4를 빼면 ■가 됩니다.

❸ $■ + 2 = 9$
⇒ $9 - \boxed{} = \boxed{}$
   $■ = \boxed{}$

> ■에 2를 더하면 9이므로, 9에서 2를 빼면 ■가 됩니다.

❷ $5 + ■ = 8$
⇒ $8 - \boxed{} = \boxed{}$
   $■ = \boxed{}$

❹ $■ + 4 = 14$
⇒ $14 - \boxed{} = \boxed{}$
   $■ = \boxed{}$

7. 덧셈식에서 ■의 값 구하기

2단계

One Problem Multi Solution

 유형1 덧셈식을 뺄셈식으로 나타내기

여러 가지 방법을 이용하여 ■ 를 구해 봅시다.

💡 **방법 ①** 어림하여 덧셈하기

13 + ■ = 15

① 13 + 1 =	14	
② 13 + 2 =	15	○
③ 13 + 3 =	16	

■ = 2

💡 **방법 ②** 수 바꿔 생각하기

13 + ■ = 15
↓-3   ↓-3
10 + ■ = 12

■ = 2

💡 **방법 ③** 뺄셈식 이용하기

13 + ■ = 15
⇒ 15 - 13 = 2

■ = 2

◎ 덧셈식을 두 가지 뺄셈식으로 나타내고 ■를 구해 보세요.

1. 5 + ■ = 9 ⇒ ① ☐
                ② ☐

❶ 5 + ■ = 9

① 5 + 3 =	☐	
② 5 + 4 =	☐	
③ 5 + 5 =	☐	

■ = ☐

❷ 5 + ■ = 9
  ↓+1   ↓+1
  ☐ + ■ = ☐

■ = ☐

💬 계산하기 쉬운 수로 식을 바꿔 봅니다.

❸ 5 + ■ = 9
⇒ 9 - ☐ = ☐

■ = ☐

💬 5에 ■를 더하면 9이므로, 9에서 5를 빼면 ■가 됩니다.

2. 11 + ■ = 16 ⇒ | ① | |
|---|---|
| ② | |

❶ 11 + ■ = 16

① 11 + 3 = ☐	
② 11 + 4 = ☐	
③ 11 + 5 = ☐	

■ = ☐

❷ 11 + ■ = 16
 ↓-1   ↓-1
☐ + ■ = ☐

■ = ☐

> 11에서 뺀 수만큼 16에서 뺍니다.

❸ 11 + ■ = 16
⇒ 16 - ☐ = ☐

■ = ☐

3. 13 + ■ = 19 ⇒ | ① | |
|---|---|
| ② | |

❶ 13 + ■ = 19

① 13 + 4 = ☐	
② 13 + 5 = ☐	
③ 13 + 6 = ☐	

■ = ☐

❷ 13 + ■ = 19
 ↓+1   ↓+1
☐ + ■ = ☐

■ = ☐

> 13에서 더한 수만큼 19에 더합니다.

❸ 13 + ■ = 19
⇒ 19 - ☐ = ☐

■ = ☐

2단계 ❼ 덧셈식에서 ■의 값 구하기 유형2

유형2 ■ + (몇) = (몇)

세 가지 방법을 이용하여 ■ 안에 들어갈 알맞은 수를 찾아봅시다.

방법 ❶ 어림하여 덧셈하기

■ + 2 = 8

① 4 + 2 = 6	
② 5 + 2 = 7	
③ 6 + 2 = 8	○

■ = 6

방법 ❷ 수 바꿔 생각하기

■ + 2 = 8
   ↓-2 ↓-2
■ + 0 = 6

■ = 6

방법 ❸ 뺄셈식 이용하기

■ + 2 = 8
⇒ 8 - 2 = 6

■ = 6

◎ 덧셈식에서 ■를 구해 보세요.

1. ■ + 4 = 7

❶ ■ + 4 = 7

① 1 + 4 = ☐	
② 2 + 4 = ☐	
③ 3 + 4 = ☐	

■ = ☐

❷ ■ + 4 = 7
    ↓+3 ↓+3
■ + ☐ = ☐

■ = ☐

❸ ■ + 4 = 7
⇒ 7 - ☐ = ☐

■ = ☐

2. ■ + 1 = 9

❶ ■ + 1 = 9

① 7 + 1 = ☐	
② 8 + 1 = ☐	
③ 9 + 1 = ☐	

■ = ☐

❷ ■ + 1 = 9
       ↓+1   ↓+1
   ■ + ☐ = ☐

■ = ☐

❸ ■ + 1 = 9
⇒ 9 − ☐ = ☐

■ = ☐

3. ■ + 5 = 8

❶ ■ + 5 = 8

① 1 + 5 = ☐	
② 2 + 5 = ☐	
③ 3 + 5 = ☐	

■ = ☐

❷ ■ + 5 = 8
       ↓+2   ↓+2
   ■ + ☐ = ☐

■ = ☐

❸ ■ + 5 = 8
⇒ 8 − ☐ = ☐

■ = ☐

2단계 ❼ 덧셈식에서 ■의 값 구하기 유형3

유형3 (몇) + ■ = (몇)

세 가지 방법을 이용하여 ■ 안에 들어갈 알맞은 수를 찾아봅시다.

방법 ❶ 어림하여 덧셈하기

3 + ■ = 6

① 3 + 1 = 4	
② 3 + 2 = 5	
③ 3 + 3 = 6	○

■ = 3

방법 ❷ 수 바꿔 생각하기

3 + ■ = 6
↓-3   ↓-3
0 + ■ = 3

■ = 3

방법 ❸ 뺄셈식 이용하기

3 + ■ = 6
⇒ 6 - 3 = 3

■ = 3

◎ 덧셈식에서 ■를 구해 보세요.

1. 4 + ■ = 8

❶ 4 + ■ = 8

① 4 + 3 = □	
② 4 + 4 = □	
③ 4 + 5 = □	

■ = □

❷ 4 + ■ = 8
  ↓+2   ↓+2
  □ + ■ = □

■ = □

❸ 4 + ■ = 8
⇒ 8 - □ = □

■ = □

2. 3 + ■ = 9

❶ 3 + ■ = 9

① 3 + 5 = ☐	
② 3 + 6 = ☐	
③ 3 + 7 = ☐	

■ = ☐

❷ 3 + ■ = 9
   ↓+1   ↓+1
   ☐ + ■ = ☐

■ = ☐

❸ 3 + ■ = 9
⇒ 9 − ☐ = ☐

■ = ☐

3. 2 + ■ = 7

❶ 2 + ■ = 7

① 2 + 5 = ☐	
② 2 + 6 = ☐	
③ 2 + 7 = ☐	

■ = ☐

❷ 2 + ■ = 7
   ↓+3   ↓+3
   ☐ + ■ = ☐

■ = ☐

❸ 2 + ■ = 7
⇒ 7 − ☐ = ☐

■ = ☐

2단계 ⑦ 덧셈식에서 ■의 값 구하기 유형4

유형4 ■ + (몇십 몇) = (몇십 몇)

세 가지 방법을 이용하여 ■ 안에 들어갈 알맞은 수를 찾아봅시다.

방법 ❶ 어림하여 덧셈하기

■ + 11 = 13

① 1 + 11 = 12	
② 2 + 11 = 13	○
③ 3 + 11 = 14	

■ = 2

방법 ❷ 수 바꿔 생각하기

■ + 11 = 13
    ↓-1   ↓-1
■ + 10 = 12

■ = 2

방법 ❸ 뺄셈식 이용하기

■ + 11 = 13
⇒ 13 - 11 = 2

■ = 2

◎ 덧셈식에서 ■를 구해 보세요.

1. ■ + 12 = 19

❶ ■ + 12 = 19

① 5 + 12 = ☐	
② 6 + 12 = ☐	
③ 7 + 12 = ☐	

■ = ☐

❷ ■ + 12 = 19
    ↓-2   ↓-2
■ + ☐ = ☐

■ = ☐

❸ ■ + 12 = 19
⇒ 19 - ☐ = ☐

■ = ☐

2. ■ + 14 = 24

❶ ■ + 14 = 24

① 10 + 14 =	
② 11 + 14 =	
③ 12 + 14 =	

■ = ☐

❷ ■ + 14 = 24

■ + ☐(↓-4) = ☐(↓-4)

■ = ☐

> 14에서 뺀 수만큼 24에서 뺍니다.

❸ ■ + 14 = 24
⇒ 24 - ☐ = ☐
■ = ☐

3. ■ + 11 = 25

❶ ■ + 11 = 25

① 13 + 11 =	
② 14 + 11 =	
③ 15 + 11 =	

■ = ☐

❷ ■ + 11 = 25

■ + ☐(↓-1) = ☐(↓-1)

■ = ☐

❸ ■ + 11 = 25
⇒ 25 - ☐ = ☐
■ = ☐

2단계 ⑦ 덧셈식에서 ■의 값 구하기 유형5

유형5 (몇십 몇) + ■ = (몇십 몇)

세 가지 방법을 이용하여 ■안에 들어갈 알맞은 수를 찾아봅시다.

방법 ❶ 어림하여 덧셈하기

15 + ■ = 18

① 15 + 1 = 16	
② 15 + 2 = 17	
③ 15 + 3 = 18	○

■ = 3

방법 ❷ 수 바꿔 생각하기

15 + ■ = 18
↓+2   ↓+2
17 + ■ = 20

■ = 3

방법 ❸ 뺄셈식 이용하기

15 + ■ = 18
⇒ 18 - 15 = 3

■ = 3

◎ 덧셈식에서 ■를 구해 보세요.

1. 16 + ■ = 19

❶ 16 + ■ = 19

① 16 + 1 =		
② 16 + 2 =		
③ 16 + 3 =		

■ =

❷ 16 + ■ = 19
   ↓+1   ↓+1
   □ + ■ = □

■ = □

> 16에서 더한 수만큼 19에서 더합니다.

❸ 16 + ■ = 19
⇒ 19 - □ = □

■ = □

> 16과 ■를 더하면 19이므로, 19에서 16을 빼면 ■가 됩니다.

2. 23 + ■ = 28

❶ 23 + ■ = 28

① 23 + 3 =	
② 23 + 4 =	
③ 23 + 5 =	

■ = ☐

❷ 23 + ■ = 28
　　↓+2　　　↓+2
　☐ + ■ = ☐

■ = ☐

❸ 23 + ■ = 28
⇒ 28 − ☐ = ☐

■ = ☐

3. 62 + ■ = 73

❶ 62 + ■ = 73

① 62 + 10 =	
② 62 + 11 =	
③ 62 + 12 =	

■ = ☐

❷ 62 + ■ = 73
　　↓−2　　　↓−2
　☐ + ■ = ☐

■ = ☐

❸ 62 + ■ = 73
⇒ 73 − ☐ = ☐

■ = ☐

7 덧셈식에서 ■의 값 구하기

Calculation Master — 3단계

◎ 덧셈식을 뺄셈식으로 바꾸고, ■를 구해 보세요.

❶ 2 + ■ = 8 ⇒ ① ☐ ② ☐
　■ = ☐

❷ 6 + ■ = 7 ⇒ ① ☐ ② ☐
　■ = ☐

❸ 6 + ■ = 10 ⇒ ① ☐ ② ☐
　■ = ☐

❹ 10 + ■ = 13 ⇒ ① ☐ ② ☐
　■ = ☐

❺ 12 + ■ = 16 ⇒ ① ☐ ② ☐
　■ = ☐

❻ 14 + ■ = 17 ⇒ ① ☐ ② ☐
　■ = ☐

❼ ■ + 1 = 2
　■ = ☐

❽ ■ + 3 = 5
　■ = ☐

❾ ■ + 1 = 8
　■ = ☐

❿ 5 + ■ = 7
　■ = ☐

⓫ 6 + ■ = 9
　■ = ☐

⓬ 3 + ■ = 7
　■ = ☐

3단계 ❼ 덧셈식에서 ■의 값 구하기

⑬ ■ + 12 = 15
　■ = ☐

⑭ ■ + 13 = 19
　■ = ☐

⑮ ■ + 17 = 27
　■ = ☐

⑯ ■ + 10 = 19
　■ = ☐

⑰ ■ + 12 = 27
　■ = ☐

⑱ ■ + 17 = 20
　■ = ☐

⑲ 15 + ■ = 28
　■ = ☐

⑳ 15 + ■ = 17
　■ = ☐

㉑ 18 + ■ = 29
　■ = ☐

㉒ 31 + ■ = 46
　■ = ☐

㉓ 27 + ■ = 48
　■ = ☐

㉔ 36 + ■ = 48
　■ = ☐

뺄셈

❶ (몇) − (몇) 계산하기
❷ 세 수의 뺄셈 계산하기
❸ (몇십 몇) − (몇) 계산하기
❹ (몇십) − (몇십) 계산하기
❺ (몇십 몇) − (몇십 몇) 계산하기
❻ 여러 가지 뺄셈
❼ 뺄셈식에서 ■의 값 구하기

1 (몇) - (몇) 계산하기

 **학습 목표**

단계	학습 의도	구분	학습 주제	관련 교과
1단계	**Basic Exercise** (몇) - (몇)을 계산하는 여러 가지 방법을 배웁니다.	방법1	덧셈과의 관계 이용하기	
		방법2	10 - (몇)으로 바꾸기	
2단계	**One Problem Multi Solution** 1단계에서 배운 여러 가지 방법을 토대로 (몇)-(몇)의 여러 가지 유형을 계산합니다.	유형1	같은 수끼리의 뺄셈	〈1-1〉 3.덧셈과 뺄셈
		유형2	어떤 수에서 0을 빼기	〈1-1〉 3.덧셈과 뺄셈
		유형3	두 수의 차 구하기	〈1-1〉 3.덧셈과 뺄셈
3단계	**Calculation Master** 앞에서 학습한 내용을 자유롭게 적용해 계산합니다.			

Basic Exercise

1 (몇) − (몇) 계산하기

1단계

Q1 □ 안에 알맞은 수를 써넣으세요.

방법 1 덧셈과의 관계 이용하기

❶ 2 − 1 = ■
⇒ 2 = ■ + 1
   (1 + 1)
   ■ = 1

❷ 5 − 2 = ■
⇒ 5 = ■ + 2
   (3 + 2)
   ■ = 3

❶ 3 − 1 = ■
⇒ 3 = ■ + 1
   (□ + 1)
   ■ = □

3에서 1을 빼면 ■이므로
■와 1을 더하면 3입니다.

❸ 6 − 2 = ■
⇒ 6 = ■ + 2
   (□ + 2)
   ■ = □

6에서 2를 빼면 ■이므로
■와 2를 더하면 6입니다.

❷ 4 − 2 = ■
⇒ 4 = ■ + 2
   (□ + 2)
   ■ = □

❹ 7 − 2 = ■
⇒ 7 = ■ + 2
   (□ + 2)
   ■ = □

Q2 □ 안에 알맞은 수를 써넣으세요.

방법 ❷ 10 − (몇)으로 바꾸기

❶ 8 − 2 = ■
   ↓+2 ↓+2
   [10] − [4] = ■
   ■ = [6]

❷ 9 − 1 = ■
   ↓+1 ↓+1
   [10] − [2] = ■
   ■ = [8]

---

❶ 6 − 1 = ■
   ↓+4 ↓+4
   [ ] − [ ] = ■
   ■ = [ ]

> 빼지는 수를 10으로 만들어 계산해 봅니다.

❷ 5 − 3 = ■
   ↓+5 ↓+5
   [ ] − [ ] = ■
   ■ = [ ]

❸ 9 − 3 = ■
   ↓+1 ↓+1
   [ ] − [ ] = ■
   ■ = [ ]

❹ 8 − 5 = ■
   ↓+2 ↓+2
   [ ] − [ ] = ■
   ■ = [ ]

> 빼지는 수에 더한 만큼 빼는 수에도 더합니다.

1 (몇) − (몇) 계산하기

2단계

One Problem Multi Solution

유형1 같은 수끼리의 뺄셈

같은 수끼리의 빼는 계산을 두 가지 방법으로 해결해 봅시다.

방법 ① 덧셈과의 관계 이용하기

$2 - 2 = ■$

$\Rightarrow 2 = ■ + 2$
    (0 + 2)

$■ = 0$

방법 ② 10 − (몇)으로 바꾸기

$2 - 2 = ■$
  ↓+8 ↓+8
$\Rightarrow 10 - 10 = ■$

$■ = 0$

※ 같은 수끼리 빼면 항상 어떤 수가 됩니까?   ☐ 0

◎ 계산해 보세요.

1. 7 − 7

① $7 - 7 = ■$

$\Rightarrow 7 = ■ + 7$
     (☐ + 7)

$■ = ☐$

> 7에서 7을 빼면 ■이므로 ■와 7을 더하면 7입니다.

② $7 - 7 = ■$
     ↓+3   ↓+3
$\Rightarrow ☐ - ☐ = ■$

$■ = ☐$

> 빼지는 수를 10으로 만들어 계산해 봅니다.

2. 8 − 8

❶ 8 − 8 = ■

⇒ 8 = ■ + 8
    △
    □ + 8

■ = ☐

❷ 8 − 8 = ■

⇒ ☐ − ☐ = ■
  ↓+2 ↓+2

■ = ☐

> 빼지는 수에 더한 만큼
> 빼는 수에도 더합니다.

3. 5 − 5

❶ 5 − 5 = ■

⇒ 5 = ■ + 5
    △
    □ + 5

■ = ☐

❷ 5 − 5 = ■

⇒ ☐ − ☐ = ■
  ↓+5 ↓+5

■ = ☐

2단계 ① (몇) − (몇) 계산하기 유형2

유형2 어떤 수에서 0을 빼기

어떤 수에서 0을 빼는 계산을 두 가지 방법으로 해결해 보고, 어떤 결과가 나오는지 살펴봅시다.

방법 ① 덧셈과의 관계 이용하기

2 − 0 = ■
⇒ 2 = ■ + 0
    ⌢ 2 + 0
■ = 2

방법 ② 10 − (몇)으로 바꾸기

2 − 0 = ■
↓+8   ↓+8
10 − 8 = ■
■ = 2

※ 어떤 수에서 0을 빼면 그 값이

| ① 달라집니다. | |
| ② 달라지지 않습니다. | ○ |

◎ 계산해 보세요.

1. 4 + 0

❶ 4 − 0 = ■
⇒ 4 = ■ + 0
    ⌢ □ + 0
■ = □

> 4에서 0을 빼면 ■이므로 ■와 0을 더하면 4입니다.

❷ 4 − 0 = ■
↓+6   ↓+6
□ − □ = ■
■ = □

> 빼지는 수를 10으로 만들어 계산해 봅니다.

2. 6 − 0

❶ 6 - 0 = ■

⇒ 6 = ■ + 0
   □ + 0

   ■ = ☐

❷ 6 - 0 = ■
   ↓+4   ↓+4
   ☐ - ☐ = ■

   ■ = ☐

> 6에 4를 더했으므로 0에도 4를 더합니다.

3. 9 − 0

❶ 9 - 0 = ■

⇒ 9 = ■ + 0
   □ + 0

   ■ = ☐

❷ 9 - 0 = ■
   ↓+1   ↓+1
   ☐ - ☐ = ■

   ■ = ☐

2단계 ① (몇) - (몇) 계산하기 유형3

유형3 두 수의 차 구하기

두 수의 차를 구하는 뺄셈식을 구해 봅시다.

방법 ① 덧셈과의 관계 이용하기

4와 1의 차 ➔ 4 - 1

4 - 1 = ■

⇒ 4 = ■ + 1
       ⌢
       3 + 1

■ = 3

방법 ② 10 - (몇)으로 바꾸기

4와 1의 차 ➔ 4 - 1

4 - 1 = ■
↓+6 ↓+6
⇒ 10 - 7 = ■

■ = 3

※ '4와 1의 차' 와 '1과 4의 차'는 값이

| ① 같습니다. | ○ |
| ② 다릅니다. | |

◎ 두 수의 차를 구하는 뺄셈식을 세우고 계산해 보세요.

1. 7과 5의 차 ➔ □ - □

❶ 7 - 5 = ■

⇒ 7 = ■ + 5
       ⌢
       □ +5

■ = □

> 7에서 5를 빼면 ■이므로 ■와 5를 더하면 7입니다.

❷ 7 - 5 = ■
  ↓+3 ↓+3
⇒ □ - □ = ■

■ = □

> 빼지는 수를 10으로 만들면 계산해 봅니다.

2. 4와 8의 차 ➔ □ − □

❶ 8 − 4 = ■

⇒ 8 = ■ + 4
    □+4

   ■ = □

❷ 8 − 4 = ■
   ↓+2   ↓+2
⇒ □ − □ = ■

   ■ = □

3. 3과 8의 차 ➔ □ − □

❶ 8 − 3 = ■

⇒ 8 = ■ + 3
    □+3

   ■ = □

❷ 8 − 3 = ■
   ↓+2   ↓+2
⇒ □ − □ = ■

   ■ = □

Calculation Master

1 (몇) − (몇) 계산하기

3단계

◎ 계산해 보세요.

❶ 3 − 3 = ☐

❷ 6 − 6 = ☐

❸ 9 − 9 = ☐

❹ 4 − 4 = ☐

❺ 1 − 1 = ☐

❻ 8 − 8 = ☐

❼ 1 − 0 = ☐

❽ 3 − 0 = ☐

❾ 5 − 0 = ☐

❿ 7 − 0 = ☐

⓫ 8 − 0 = ☐

⓬ 9 − 0 = ☐

3단계 ❶ (몇) − (몇) 계산하기

⑬ 3 − 2 = ☐

⑭ 5 − 1 = ☐

⑮ 9 − 2 = ☐

⑯ 5 − 4 = ☐

⑰ 7 − 4 = ☐

⑱ 8 − 6 = ☐

⑲ 6과 4의 차
→ ☐ − ☐ = ☐

⑳ 7과 8의 차
→ ☐ − ☐ = ☐

㉑ 9과 5의 차
→ ☐ − ☐ = ☐

㉒ 1과 8의 차
→ ☐ − ☐ = ☐

㉓ 6과 5의 차
→ ☐ − ☐ = ☐

㉔ 7과 9의 차
→ ☐ − ☐ = ☐

2 세 수의 뺄셈 계산하기

 **학습 목표**

단계	학습 의도	구분	학습 주제	관련 교과
1단계	**Basic Exercise** 세 수의 뺄셈을 계산하는 여러 가지 방법을 배웁니다.	방법1	빼는 순서 바꾸기	
		방법2	덧셈 이용하기	
		방법3	수 바꾸어 계산하기	
2단계	**One Problem Multi Solution** 1단계에서 배운 여러 가지 방법을 토대로 세 수를 뺄셈하는 여러 가지 유형을 계산합니다.	유형1	빼고 빼는 식의 계산	〈1-2〉 3.덧셈과 뺄셈(1)
		유형2	빼고 더하는 식의 계산	〈1-2〉 3.덧셈과 뺄셈(1)
		유형3	더하고 빼는 식의 계산	〈1-2〉 3.덧셈과 뺄셈(1)
3단계	**Calculation Master** 앞에서 학습한 내용을 자유롭게 적용해 계산합니다.			

Basic Exercise

2. 세 수의 뺄셈 계산하기 1단계

Q1 □ 안에 알맞은 수를 써넣으세요.

 방법 ❶ 빼는 순서 바꾸기

❶ 6 - 3 - 1
⇒ 6 - 1 - 3 = [5] - 3
  [5] + 1   = [2]

❷ 3 + 2 - 2
⇒ 2 - 2 + 3 = [0] + 3
  [0] + 2   = [3]

❶ 7 - 4 - 2
⇒ 7 - 2 - 4 = □ - 4
  □ + 2   = □

4보다 2를 먼저 뺄 수 있습니다.

❸ 8 - 5 + 1
⇒ 8 + 1 - 5 = □ - 5
  □   = □

1을 먼저 더하고 5를 뺍니다.

❷ 5 - 2 - 1
⇒ 5 - 1 - 2 = □ - 2
  □ + 1   = □

5는 4와 어떤 수로 가를 수 있습니다.

❹ 2 + 6 - 3
⇒ 6 - 3 + 2 = □ + 2
  □ + 3   = □

6은 3과 어떤 수로 가를 수 있습니다.

Q2 □ 안에 알맞은 수를 써넣으세요.

방법 ❷ 덧셈 이용하기

❶ 5 - 3 - 1
⇒ 5 - (3 + 1) = 5 - ☐4☐
         ☐4☐   =   ☐1☐

❷ 6 - 2 + 3
⇒ (6 + 3) - 2 = ☐9☐ - 2
      ☐9☐   =   ☐7☐

---

❶ 7 - 5 - 1
⇒ 7 - (5 + 1) = 7 - ☐
           ☐   =   ☐

> 뒤의 두 수를 더해 한꺼번에 뺄 수 있습니다.

❸ 3 - 1 + 4
⇒ (3 + 4) - 1 = ☐ - 1
       ☐   =   ☐

> 빼고 더하는 계산은 더하고 빼는 계산으로 바꿀 수 있습니다.

❷ 8 - 2 - 4
⇒ 8 - (2 + 4) = 8 - ☐
           ☐   =   ☐

> 2와 4를 더해 한꺼번에 뺄 수 있습니다.

❹ 5 - 2 + 3
⇒ (5 + 3) - 2 = ☐ - 2
       ☐   =   ☐

Q3 ☐ 안에 알맞은 수를 써넣으세요.

방법 ③ 수 바꾸어 계산하기

❶ 6 - 2 - 1
⇒ [7]↓+1 - 2 - [2]↓+1
= [5] - [2]
= [3]

❷ 8 - 7 + 4
⇒ 8 - [8]↓+1 + [5]↓+1
= [0] + [5]
= [5]

❶ 7 - 3 - 2
⇒ [☐]↓+1 - 3 - [☐]↓+1
= [☐] - [☐]
= [☐]

> 빼지는 수에 더한 만큼 빼는 수에 더합니다.

❸ 6 - 4 + 3
⇒ 6 - [☐]↓+2 + [☐]↓+2
= [☐] + [☐]
= [☐]

❷ 5 - 1 - 1
⇒ [☐]↓-1 - 1 - [☐]↓-1
= [☐] - [☐]
= [☐]

❹ 4 - 3 + 5
⇒ 4 - [☐]↓+1 + [☐]↓+1
= [☐] + [☐]
= [☐]

2. 세 수의 뺄셈 계산하기

유형1 빼고 빼는 식의 계산

세 가지 방법으로 빼고 빼는 식을 계산해 보고, 어떤 방법이 가장 쉬운지 생각해 봅시다.

방법 ① 빼는 순서 바꾸기

$$4 - 2 - 1$$
$$\Rightarrow 4 - 1 - 2 = 3 - 2$$
$$= 1$$
(3 + 1)

방법 ② 덧셈 이용하기

$$4 - 2 - 1$$
$$\Rightarrow 4 - (2 + 1) = 4 - 3$$
$$3 \qquad = 1$$

방법 ③ 수 바꾸어 계산하기

$$4 - 2 - 1$$
$$\downarrow +1 \qquad \downarrow +1$$
$$\Rightarrow 5 - 2 - 2$$
$$= 3 - 2$$
$$= 1$$

◎ 계산해 보세요.

1. $8 - 4 - 2$

❶ $8 - 4 - 2$
$$\Rightarrow 8 - 2 - 4 = \square - 4$$
$$\square + 2 \qquad\qquad = \square$$

빼는 순서를 바꾸어도 결과는 같습니다.

❷ $8 - 4 - 2$
$$\Rightarrow 8 - (4 + 2) = 8 - \square$$
$$\square \qquad = \square$$

❸ $8 - 4 - 2$
$$\downarrow -2 \qquad \downarrow -2$$
$$\Rightarrow 6 - \square - \square$$
$$= \square - \square$$
$$= \square$$

2. 9 − 5 − 1

❶ 9 − 5 − 1
⇒ 9 − 1 − 5 = ☐ − 5
  ☐ +1
                = ☐

❷ 9 − 5 − 1
⇒ 9 − (5 + 1) = 9 − ☐
        ☐   = ☐

❸ 9 − 5 − 1
   ↓−1   ↓−1
⇒ 8 − ☐ − ☐
= ☐ − ☐
= ☐

3. 8 − 4 − 3

❶ 8 − 4 − 3
⇒ 8 − 3 − 4 = ☐ − 4
  ☐ +3
                = ☐

❷ 8 − 4 − 3
⇒ 8 − (4 + 3) = 8 − ☐
        ☐   = ☐

> 4와 3을 더해 한꺼번에 뺄 수 있습니다.

❸ 8 − 4 − 3
   ↓+1   ↓+1
⇒ ☐ − 4 − ☐
= ☐ − ☐
= ☐

2단계 ❷ 세 수의 뺄셈 계산하기 유형2

유형2 빼고 더하는 식의 계산

세 가지 방법으로 빼고 더하는 식을 계산해 보고, 어떤 방법이 가장 쉬운지 생각해 봅시다.

방법 ❶ 빼는 순서 바꾸기

$$2 - 1 + 3$$
$$\Rightarrow 2 + 3 - 1 = 5 - 1$$
$$\qquad\quad 5 \qquad\quad = 4$$

방법 ❷ 덧셈 이용하기

$$2 - 1 + 3$$
$$\Rightarrow (2 + 3) - 1 = 5 - 1$$
$$\qquad\quad 5 \qquad\quad = 4$$

방법 ❸ 수 바꾸어 계산하기

$$2 - 1 + 3$$
$$\quad\downarrow -1 \ \downarrow -1$$
$$\Rightarrow 1 - 0 + 3$$
$$= 1 + 3$$
$$= 4$$

◎ 계산해 보세요.

1. $7 - 5 + 2$

❶ $7 - 5 + 2$
$\Rightarrow 7 + 2 - 5 = \square - 5$
$\quad\ \square \qquad\qquad = \square$

(2를 먼저 더하고 5를 뺍니다.)

❷ $7 - 5 + 2$
$\Rightarrow (7 + 2) - 5 = \square - 5$
$\quad\ \ \square \qquad\qquad = \square$

❸ $7 - 5 + 2$
$\quad\ \ \downarrow +2 \ \ \downarrow +2$
$\Rightarrow 7 - \square + \square$
$= \square + \square$
$= \square$

(5에 2를 더했으므로 2에 2를 더합니다.)

2. 5 − 3 + 4

❶ 5 − 3 + 4

⇒ 5 + 4 − 3 = ☐ − 3
   ☐   = ☐

❷ 5 − 3 + 4

⇒ (5 + 4) − 3 = ☐ − 3
   ☐   = ☐

❸ 5 − 3 + 4
     ↓+2   ↓+2
⇒ 5 − ☐ + ☐
= ☐ + ☐
= ☐

> 3에 2를 더했으므로 4에 2를 더합니다.

3. 6 − 3 + 2

❶ 6 − 3 + 2

⇒ 6 + 2 − 3 = ☐ − 3
   ☐   = ☐

❷ 6 − 3 + 2

⇒ (6 + 2) − 3 = ☐ − 3
   ☐   = ☐

❸ 6 − 3 + 2
     ↓+2   ↓−2
⇒ ☐ − 3 + ☐
= ☐ + ☐
= ☐

2단계 ❷ 세 수의 뺄셈 계산하기 유형3

유형3 더하고 빼는 식의 계산

세 가지 방법으로 더하고 빼는 식을 계산해 보고, 어떤 방법이 가장 쉬운지 생각해 봅시다.

방법 ❶ 빼는 순서 바꾸기

$4 + 5 - 3$
$\Rightarrow 4 - 3 + 5 = 1 + 5$
(1 + 3) $= 6$

방법 ❷ 덧셈 이용하기

$4 + 5 - 3$
$= 9 - 3$
$= 6$

방법 ❸ 수 바꾸어 계산하기

$4 + 5 - 3$
           ↓-1 ↓-1
$\Rightarrow 4 + 4 - 2$
$= 8 - 2$
$= 6$

◎ 계산해 보세요.

1. 3 + 3 − 2

❶ $3 + 3 - 2$
$\Rightarrow 3 - 2 + 3 = \Box + 3$
(□ + 2) $= \Box$

❷ $3 + 3 - 2$
$= \Box - 2$
$= \Box$

순서대로 계산합니다.

❸ $3 + 3 - 2$
     ↓+1   ↓+1
$\Rightarrow \Box + 3 - \Box$
$= \Box - \Box$
$= \Box$

3에 1을 더했으므로 2에 1을 더합니다.

2. 5 + 2 − 4

❶ 5 + 2 − 4
⇒ 5 − 4 + 2 = ☐ + 2
　　　☐ +4　　　 = ☐

> 4를 먼저 빼고 2를 더합니다.

❷ 5 + 2 − 4
　= ☐ − 4
　= ☐

❸ 5 + 2 − 4
　　　　↓+1　↓+1
⇒ 5 + ☐ − ☐
　　5 − ☐ + ☐
　= ☐ + ☐
　= ☐

3. 6 + 3 − 5

❶ 6 + 3 − 5
⇒ 6 − 5 + 3 = ☐ + 3
　　　☐ +5　　　 = ☐

> 6은 어떤 수와 5로 가를 수 있습니다.

❷ 6 + 3 − 5
　= ☐ − 5
　= ☐

❸ 6 + 3 − 5
　　↓+1　　　↓+1
⇒ ☐ + 3 − ☐
　= ☐ − ☐
　= ☐

> 6에 1을 더했으므로 5에 1을 더합니다.

2 세 수의 뺄셈 계산하기

Calculation Master · 3단계

◎ 계산해 보세요.

❶ 4 - 1 - 1 = ☐

❷ 5 - 2 - 3 = ☐

❸ 6 - 2 - 3 = ☐

❹ 7 - 1 - 3 = ☐

❺ 8 - 3 - 4 = ☐

❻ 9 - 2 - 4 = ☐

❼ 8 - 2 - 2 = ☐

❽ 9 - 6 - 1 = ☐

❾ 3 - 1 + 5 = ☐

❿ 2 - 1 + 7 = ☐

⓫ 7 - 3 + 4 = ☐

⓬ 5 - 4 + 6 = ☐

3단계 ❷ 세 수의 뺄셈 계산하기

⑬ 3 - 2 + 6 = ☐

⑭ 9 - 7 + 1 = ☐

⑮ 6 - 5 + 2 = ☐

⑯ 7 - 2 + 3 = ☐

⑰ 1 + 5 - 3 = ☐

⑱ 2 + 4 - 2 = ☐

⑲ 6 + 3 - 4 = ☐

⑳ 7 + 1 - 5 = ☐

㉑ 4 + 5 - 2 = ☐

㉒ 4 + 3 - 1 = ☐

㉓ 3 + 6 - 2 = ☐

㉔ 5 + 4 - 1 = ☐

3 (몇십 몇) − (몇) 계산하기

 학습 목표

단계	학습 의도	구분	학습 주제	관련 교과
1단계	**Basic Exercise** (몇십 몇)−(몇)을 계산하는 여러 가지 방법을 배웁니다.	방법1	수 가르기 이용하기	
		방법2	빼고 빼기 / 빼고 더하기	
		방법3	일의 자리의 수 바꾸어 빼기	
2단계	**One Problem Multi Solution** 1단계에서 배운 여러 가지 방법을 토대로 (몇십 몇)−(몇)의 여러 가지 유형을 계산합니다.	유형1	10 − (몇)의 계산	〈1−2〉 5.덧셈과 뺄셈(2)
		유형2	받아내림이 없는 (몇십 몇) − (몇)의 계산	〈1−2〉 5.덧셈과 뺄셈(2)
		유형3	받아내림이 있는 (몇십 몇) − (몇)의 계산	〈1−2〉 5.덧셈과 뺄셈(2)
		유형4	뺄셈구구표에서 규칙 찾기	〈1−2〉 5.덧셈과 뺄셈(2)
3단계	**Calculation Master** 앞에서 학습한 내용을 자유롭게 적용해 계산합니다.			

Basic Exercise

3. (몇십 몇) − (몇) 계산하기　1단계

Q1 ☐ 안에 알맞은 수를 써넣으세요.

방법 ❶ 수 가르기 이용하기

❶ 12 − 1 = 10 + [2] − 1
(10 + [2])　　　= 10 + [1]
　　　　　　　= [11]

❷ 12 − 3 = 12 − [2] − 1
([2] + 1)　　　= [10] − 1
　　　　　　　= [9]

---

❶ 15 − 3 = 10 + ☐ − 3
(10 + ☐)　　　= 10 + ☐
　　　　　　　= ☐

(몇십 몇)을 (몇십)과 (몇)으로 가르기 해 봅니다.

❸ 15 − 6 = 15 − ☐ − 1
(☐ + 1)　　　= ☐ − 1
　　　　　　　= ☐

15에서 빼기 쉬운 수로 6을 가르기 해 봅니다.

❷ 17 − 2 = 10 + ☐ − 2
(10 + ☐)　　　= 10 + ☐
　　　　　　　= ☐

17은 10과 어떤 수로 가를 수 있습니다.

❹ 13 − 5 = 13 − ☐ − 2
(☐ + 2)　　　= ☐ − 2
　　　　　　　= ☐

Q2 □ 안에 알맞은 수를 써넣으세요.

방법 ❷ 빼고 빼기 / 빼고 더하기

❶ 13 - 2
⇒ 13 - 3 + [1]
   [10] + [1] = [11]

❷ 13 - 4
⇒ 14 - 4 - [1]
   [10] - [1] = [9]

---

❶ 14 - 2
⇒ 14 - 4 + □
   □ + □ = □

2대신 4를 빼고, 두 수의 차를 더합니다.

❸ 12 - 4
⇒ 14 - 4 - □
   □ - □ = □

12대신 14에서 빼고, 두 수의 차를 뺍니다.

❷ 16 - 5
⇒ 16 - 6 + □
   □ + □ = □

5대신 6을 빼고, 두 수의 차를 더합니다.

❹ 14 - 5
⇒ 15 - 5 - □
   □ - □ = □

Q3 ☐ 안에 알맞은 수를 써넣으세요.

방법 ③ 일의 자리 수 바꾸어 빼기

❶ 12 - 6
① 일의 자리 수 바꾸어 빼기
⇒ 6 - 2 = 4
② 십의 자리 수에서 ①의 값 빼기
⇒ 10 - 4 = 6

❷ 14 - 9
① 일의 자리 수 바꾸어 빼기
⇒ 9 - 4 = 5
② 십의 자리 수에서 ①의 값 빼기
⇒ 10 - 5 = 5

이 방법은 받아내림이 있는 (몇십 몇) - (몇)을 계산할 때 사용하며, 받아내림이 없는 (몇십 몇) - (몇)에서는 사용하지 않습니다.

---

❶ 15 - 7
① 일의 자리 수 바꾸어 빼기
⇒ 7 - 5 = ☐
② 십의 자리 수에서 ①의 값 빼기
⇒ 10 - ☐ = ☐

❸ 16 - 7
① 일의 자리 수 바꾸어 빼기
⇒ ☐ - ☐ = ☐
② 십의 자리 수에서 ①의 값 빼기
⇒ 10 - ☐ = ☐

❷ 14 - 8
① 일의 자리 수 바꾸어 빼기
⇒ 8 - 4 = ☐
② 십의 자리 수에서 ①의 값 빼기
⇒ 10 - ☐ = ☐

❹ 23 - 8
① 일의 자리 수 바꾸어 빼기
⇒ ☐ - ☐ = ☐
② 십의 자리 수에서 ①의 값 빼기
⇒ 20 - ☐ = ☐

3. (몇십 몇) − (몇) 계산하기

One Problem Multi Solution **2단계**

유형1 10 − (몇)의 계산

10 − (몇)을 여러 가지 방법으로 계산해 봅시다.

방법 ① 수 가르기 이용하기

$$10 - 9 = 1 + 9 - 9$$
(1 + 9)
$$= 1 + 0$$
$$= 1$$

방법 ② 빼고 빼기 / 빼고 더하기

$$10 - 9$$
$$\Rightarrow 10 - 10 + 1 \quad (\downarrow +1)$$
$$= 0 + 1$$
$$= 1$$

방법 ③ 일의 자리 수 바꾸어 빼기

$$10 - 9$$
① 일의 자리 수 바꾸어 빼기
$$\Rightarrow 9 - 0 = 9$$
② 십의 자리 수에서 ①의 값 빼기
$$\Rightarrow 10 - 9 = 1$$

◎ 계산해 보세요.

1. 10 − 8

❶ 10 − 8 = 2 + □ − 8
  2 + □
  = 2 + □
  = □

💬 10은 2와 어떤 수로 가를 수 있습니다.

❷ 10 − 8
  ↓ +2
  ⇒ 10 − 10 + □
  = □ + □
  = □

❸ 10 − 8
① 일의 자리 수 바꾸어 빼기
  ⇒ □ − □ = □
② 십의 자리 수에서 ①의 값 빼기
  ⇒ 10 − □ = □

138

2. 10 − 7

❶ 10 − 7 = 3 + □ − 7
   3 + □   = 3 + □
                = □

> 10은 3과 어떤 수로 가를 수 있습니다.

❷ 10 − 7
   ↓ +3
⇒ 10 − 10 + □
 = □ + □
 = □

❸ 10 − 7
① 일의 자리 수 바꾸어 빼기
⇒ □ − □ = □
② 십의 자리 수에서 ①의 값 빼기
⇒ 10 − □ = □

3. 10 − 6

❶ 10 − 6 = 4 + □ − 6
   4 + □   = 4 + □
                = □

❷ 10 − 6
   ↓ +4
⇒ 10 − 10 + □
 = □ + □
 = □

> 6대신 10을 빼고, 두 수의 차를 더합니다.

❸ 10 − 6
① 일의 자리 수 바꾸어 빼기
⇒ □ − □ = □
② 십의 자리 수에서 ①의 값 빼기
⇒ 10 − □ = □

2단계

3 (몇십 몇) − (몇) 계산하기 유형2

 유형2 받아내림이 없는 (몇십 몇) − (몇)의 계산

받아내림이 없는 (몇십 몇) − (몇)을 세 가지 방법으로 계산해 봅시다.

방법 ① 수 가르기 이용하기

$$15 - 2 = 10 + 5 - 2$$
$$\quad\quad\quad\; = 10 + 3$$
$$\quad\quad\quad\; = 13$$

(10 + 5)

방법 ② 빼고 빼기 / 빼고 더하기

$$15 - 2$$
$$\Rightarrow 15 - 5 + 3 \quad (↓+3)$$
$$= 10 + 3$$
$$= 13$$

◎ 계산해 보세요.

1. 17 − 4

① 17 − 4 = 10 + □ − 4
(10 + □)
　　　　　= 10 + □
　　　　　= □

💬 17은 10과 어떤 수로 가를 수 있습니다.

② 17 − 4
⇒ 17 − 7 + □　(↓+3)
= □ + □
= □

2. 28 − 3

❶ 28 − 3 = 20 + ☐ − 3
       ⌢
      20 + ☐   = 20 + ☐
                   =   ☐

❷ 28 − 3
       ↓+5
   ⇒ 28 − 8 + ☐
     = ☐ + ☐
     = ☐

> 3대신 8을 빼고,
> 두 수의 차를 더합니다.

3. 46 − 5

❶ 46 − 5 = 40 + ☐ − 5
       ⌢
      40 + ☐   = 40 + ☐
                   =   ☐

> 46은 40과 어떤 수로
> 가를 수 있습니다.

❷ 46 − 5
       ↓+1
   ⇒ 46 − 6 + ☐
     = ☐ + ☐
     = ☐

2단계 ❸ (몇십 몇) − (몇) 계산하기 유형3

유형3 받아내림이 있는 (몇십 몇) − (몇)의 계산

받아내림이 있는 (몇십 몇) − (몇)을 세 가지 방법으로 계산해 봅시다.

💡 방법 ❶ 수 가르기 이용하기

```
11 − 4 = 10 − 4 + 1
 ⌄              
10 + 1    =  6 + 1
          =  7
```

💡 방법 ❷ 빼고 빼기 / 빼고 더하기

```
      11 − 4
          ↓-3
⇒  11 − 1 − 3
=     10 − 3
=      7
```

💡 방법 ❸ 일의 자리 수 바꾸어 빼기

```
11 − 4
① 일의 자리 수 바꾸어 빼기
⇒ 4 − 1 = 3
② 십의 자리 수에서 ①의 값 빼기
⇒ 10 − 3 = 7
```

◎ 계산해 보세요.

1. 11 − 7

❶ 11 − 7 = 10 − 7 + ☐
   ⌄
   10 + ☐   = ☐ + ☐
                = ☐

💬 11은 10과 어떤 수로 가를 수 있습니다.

❷ 11 − 7
        ↓-6
⇒ 11 − 1 − ☐
= ☐ − ☐
= ☐

❸ 11 − 7
① 일의 자리 수 바꾸어 빼기
⇒ ☐ − ☐ = ☐
② 십의 자리 수에서 ①의 값 빼기
⇒ 10 − ☐ = ☐

2. 25 − 8

❶ 25 − 8 = 20 − 8 + ☐
   20 + ☐   = ☐ + ☐
               = ☐

> 25는 20과 어떤 수로 가를 수 있습니다.

❷ 25 − 8
       ↓ −3
⇒ 25 − 5 − ☐
  = ☐ − ☐
  = ☐

❸ 25 − 8
① 일의 자리 수 바꾸어 빼기
⇒ ☐ − ☐ = ☐
② 십의 자리 수에서 ①의 값 빼기
⇒ 20 − ☐ = ☐

3. 37 − 9

❶ 37 − 9 = 30 − 9 + ☐
   30 + ☐   = ☐ + ☐
               = ☐

❷ 37 − 9
       ↓ −2
⇒ 37 − 7 − ☐
  = ☐ − ☐
  = ☐

> 9대신 7을 빼고, 두 수의 차를 뺍니다.

❸ 37 − 9
① 일의 자리 수 바꾸어 빼기
⇒ ☐ − ☐ = ☐
② 십의 자리 수에서 ①의 값 빼기
⇒ 30 − ☐ = ☐

2단계 ❸ (몇십 몇) − (몇) 계산하기 유형4

유형4 뺄셈구구표에서 규칙 찾기

뺄셈구구표에서 규칙을 찾아 봅시다.

−	11	12	13
9	2	3	4

💡방법 ❶ 수 가르기 이용하기

12 − 9 = 10 − 9 + 2
   (10 + 2)
   =   1 + 2
   =   3

💡방법 ❷ 빼고 빼기, 빼고 더하기

12 − 9
⇒ 12 − 2 − 7   (↓ −7)
= 10 − 7
= 3

💡방법 ❸ 일의 자리 수 바꾸어 빼기

12 − 9
① 일의 자리 수 바꾸어 빼기
⇒ 9 − 2 = 7
② 십의 자리 수에서 ①의 값 빼기
⇒ 10 − 7 = 3

◎ 뺄셈구구표의 빈칸에 알맞은 수를 찾아 완성해 보세요.

1.

−	15	16	17
8	7		9

❶ 16 − 8 = 10 − 8 + ☐
   (10 + ☐)
   = ☐ + ☐
   = ☐

> 16은 10과 어떤 수로 가를 수 있습니다.

❷ 16 − 8
⇒ 16 − 6 − ☐   (↓ −2)
= ☐ − ☐
= ☐

> 8대신 6을 빼고, 두 수의 차를 뺍니다.

❸ 16 − 8
① 일의 자리 수 바꾸어 빼기
⇒ ☐ − ☐ = ☐
② 십의 자리 수에서 ①의 값 빼기
⇒ 10 − ☐ = ☐

2.

-	14	15	16
7		8	9

❶ 14 - 7 = 10 - 7 + ☐

　　10 + ☐　　　= ☐ + ☐

　　　　　　　　= ☐

> 14는 10과 어떤 수로 가를 수 있습니다.

❷ 14 - 7

⇒ 14 - 4 - ☐   ↓-3

= ☐ - ☐

= ☐

❸ 14 - 7

① 일의 자리 수 바꾸어 빼기

⇒ ☐ - ☐ = ☐

② 십의 자리 수에서 ①의 값 빼기

⇒ 10 - ☐ = ☐

3.

-	11	12	13
9	2	3	

❶ 13 - 9 = 10 - 9 + ☐

　　10 + ☐　　　= ☐ + ☐

　　　　　　　　= ☐

❷ 13 - 9

⇒ 13 - 3 - ☐   ↓-6

= ☐ - ☐

= ☐

> 9대신 3을 빼고, 두 수의 차를 뺍니다.

❸ 13 - 9

① 일의 자리 수 바꾸어 빼기

⇒ ☐ - ☐ = ☐

② 십의 자리 수에서 ①의 값 빼기

⇒ 10 - ☐ = ☐

3. (몇십 몇) - (몇) 계산하기

◎ 계산해 보세요.

❶ 10 - 1 =

❷ 10 - 2 =

❸ 10 - 3 =

❹ 10 - 4 =

❺ 10 - 5 =

❻ 10 - 7 =

❼ 19 - 4 =

❽ 18 - 5 =

❾ 17 - 6 =

❿ 28 - 5 =

⓫ 33 - 2 =

⓬ 59 - 2 =

3단계 ❸ (몇십 몇) - (몇) 계산하기

⑬ 13 - 6 = ☐

⑭ 15 - 9 = ☐

⑮ 17 - 8 = ☐

⑯ 18 - 9 = ☐

⑰ 14 - 6 = ☐

⑱ 13 - 7 = ☐

⑲
-	11	12	13
5		7	8

⑳
-	13	14	15
4	9		11

㉑
-	11	12	13
7	4		6

㉒
-	11	12	13
8		4	5

㉓
-	18	19	20
5			15

㉔
-	13	14	15
3			

4. (몇십) - (몇십) 계산하기

학습 목표

단계	학습 의도	구분	학습 주제	관련 교과
1단계	Basic Exercise (몇십) - (몇십)을 계산하는 여러 가지 방법을 배웁니다.	방법1	앞에서부터 계산하기	
		방법2	(몇) - (몇) 활용하기	
2단계	One Problem Multi Solution 1단계에서 배운 여러 가지 방법을 토대로 (몇십) - (몇십)의 여러 가지 유형을 계산합니다.	유형1	(몇십) - 10의 계산	〈1-2〉 3.덧셈과 뺄셈(1)
		유형2	(몇십) - (몇십)의 계산	〈1-2〉 3.덧셈과 뺄셈(1)
3단계	Calculation Master 앞에서 학습한 내용을 자유롭게 적용해 계산합니다.			

Basic Exercise

4 (몇십) - (몇십) 계산하기

Q1 ☐ 안에 알맞은 수를 써넣으세요.

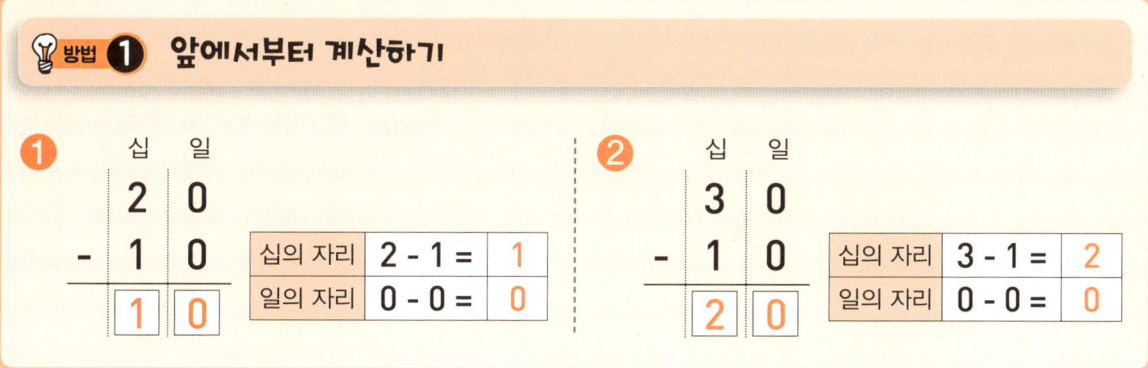

방법 ❶ 앞에서부터 계산하기

①
```
   십 일
   2  0
-  1  0
─────
   1  0
```
십의 자리 2 - 1 = 1
일의 자리 0 - 0 = 0

②
```
   십 일
   3  0
-  1  0
─────
   2  0
```
십의 자리 3 - 1 = 2
일의 자리 0 - 0 = 0

①
```
   십 일
   3  0
-  2  0
─────
   ☐  ☐
```
십의 자리 3 - 2 = ☐
일의 자리 0 - 0 = ☐

각 자리의 숫자끼리 빼서 내려 씁니다.

③
```
   십 일
   6  0
-  2  0
─────
   ☐  ☐
```
십의 자리 6 - 2 = ☐
일의 자리 0 - 0 = ☐

(몇십)-(몇십)의 계산에서 일의 자리는 항상 0입니다.

②
```
   십 일
   4  0
-  1  0
─────
   ☐  ☐
```
십의 자리 4 - 1 = ☐
일의 자리 0 - 0 = ☐

④
```
   십 일
   7  0
-  3  0
─────
   ☐  ☐
```
십의 자리 7 - 3 = ☐
일의 자리 0 - 0 = ☐

Q2 □ 안에 알맞은 수를 써넣으세요.

방법 2 (몇) − (몇) 활용하기

❶ 4 − 2 ➡ 40 − 20
   [2]   = [2]0
           = [20]

❷ 5 − 2 ➡ 50 − 20
   [3]   = [3]0
           = [30]

❶ 6 − 1 ➡ 60 − 10
   □   = □0
          = □

(몇)−(몇)을 이용해 (몇십) − (몇십)을 계산할 수 있습니다.

❸ 6 − 4 ➡ 60 − 40
   □   = □0
          = □

❷ 4 − 3 ➡ 40 − 30
   □   = □0
          = □

4−3을 이용해 40−30을 계산할 수 있습니다.

❹ 7 − 4 ➡ 70 − 40
   □   = □0
          = □

One Problem Multi Solution 2단계

4 (몇십) − (몇십) 계산하기

유형1 (몇십) − 10의 계산

(몇십) − 10을 여러 가지 방법으로 계산해 보고 규칙을 찾아봅시다.

방법 ① 앞에서부터 계산하기

①
```
    십 일
    4  0
 −  1  0
    3  0
```
| 십의 자리 | 4 − 1 = | 3 |
| 일의 자리 | 0 − 0 = | 0 |

방법 ② (몇) − (몇) 활용하기

4 − 1 ➡ 40 − 10
3   = 30
        = 30

방법 ③ 십의 자리 숫자에서 1 빼기

(몇십) − 10의 계산은
① 일의 자리 숫자는 **0**입니다.
② 십의 자리 숫자는 (몇십)의 십의 자리 숫자보다 **1** 작습니다.

◎ 계산해 보세요.

1. 80 − 10

①
```
   십 일
   8  0
 − 1  0
   □  □
```
| 십의 자리 | 8 − 1 = □ |
| 일의 자리 | 0 − 0 = □ |

② 8 − 1 ➡ 80 − 10
   □   = □0
         = □

십의 자리 숫자끼리 뺀 다음 0을 붙입니다.

③ 80−10의 계산은
① 일의 자리 숫자는 □입니다.
② 십의 자리 숫자는 8보다 1작은 □입니다.
③ 80−10= □

2. 70 − 10

❶
	십	일
	7	0
−	1	0
	☐	☐

십의 자리	7 − 1 = ☐
일의 자리	0 − 0 = ☐

❷ 7 − 1 ➡ 70 − 10

☐ = ☐0
= ☐

> 7−1을 이용해 70−10을 계산할 수 있습니다.

❸ 70−10의 계산은

① 일의 자리 숫자는 ☐ 입니다.
② 십의 자리 숫자는 7보다 1 작은 ☐ 입니다.
③ 70−10= ☐

3. 90 − 10

❶
	십	일
	9	0
−	1	0
	☐	☐

십의 자리	9 − 1 = ☐
일의 자리	0 − 0 = ☐

❷ 9 − 1 ➡ 90 − 10

☐ = ☐0
= ☐

> 9−1을 이용해 90−10을 계산할 수 있습니다.

❸ 90−10의 계산은

① 일의 자리 숫자는 ☐ 입니다.
② 십의 자리 숫자는 9보다 1 작은 ☐ 입니다.
③ 90−10= ☐

2단계 ④ (몇십) – (몇십) 계산하기 [유형2]

유형2 (몇십) – (몇십)의 계산

(몇십) – (몇십)을 두 가지 방법으로 계산해 봅시다.

방법 ① 앞에서부터 계산하기

①
```
    십  일
    5  0
 -  3  0
 ─────────
    2  0
```

십의 자리	5 - 3 =	2
일의 자리	0 - 0 =	0

방법 ② (몇) – (몇) 활용하기

5 - 3 ➡ 50 - 30
  ↓
  2   = 2 0

         = 20

◎ 계산해 보세요.

1. 70 – 50

①
```
    십  일
    7  0
 -  5  0
 ─────────
    □  □
```

십의 자리	7 - 5 = □
일의 자리	0 - 0 = □

② 7 - 5 ➡ 70 - 50
     ↓
     □   = □ 0

            = □

153

2. 80 - 30

❷ 8 - 3 ➡ 80 - 30

　　□　　=　□0

　　　　　=　□

3. 90 - 60

❷ 9 - 6 ➡ 90 - 60

　　□　　=　□0

　　　　　=　□

4 (몇십) - (몇십) 계산하기

◎ 계산해 보세요.

❶ 20 - 10 =

❷ 30 - 10 =

❸ 50 - 10 =

❹ 60 - 10 =

❺ 70 - 10 =

❻ 80 - 10 =

❼ 90 - 10 =

❽ 70 - 60 =

❾ 60 - 30 =

❿ 80 - 40 =

⓫ 90 - 20 =

⓬ 90 - 50 =

3단계 ❹ (몇십) - (몇십) 계산하기

⑬ 50 - 40 = ☐

⑭ 30 - 30 = ☐

⑮ 80 - 50 = ☐

⑯ 90 - 80 = ☐

⑰ 60 - 60 = ☐

⑱ 90 - 30 = ☐

⑲ 80 - 60 = ☐

⑳ 70 - 70 = ☐

㉑ 90 - 40 = ☐

㉒ 90 - 70 = ☐

㉓ 80 - 70 = ☐

㉔ 50 - 50 = ☐

5 (몇십 몇) − (몇십 몇) 계산하기

학습 목표

단계	학습 의도	구분	학습 주제	관련 교과
1단계	Basic Exercise (몇십 몇) − (몇십 몇)을 계산하는 여러 가지 방법을 배웁니다.	방법1	십의 자리부터 계산하기	
		방법2	세 수의 계산으로 고치기	
		방법3	(몇십) − (몇십) 활용하기	
2단계	One Problem Multi Solution 1단계에서 배운 여러 가지 방법을 토대로 (몇십 몇)−(몇십 몇)의 여러 가지 유형을 계산합니다.	유형1	(몇십 몇) − (몇십)의 계산	〈1−2〉 3.덧셈과 뺄셈(1)
		유형2	(몇십 몇) − (몇십몇)의 계산	〈1−2〉 3.덧셈과 뺄셈(1)
3단계	Calculation Master 앞에서 학습한 내용을 자유롭게 적용해 계산합니다.			

Basic Exercise

5 (몇십 몇) - (몇십 몇) 계산하기

1단계

Q1 ☐ 안에 알맞은 수를 써넣으세요.

방법 ① 십의 자리부터 계산하기

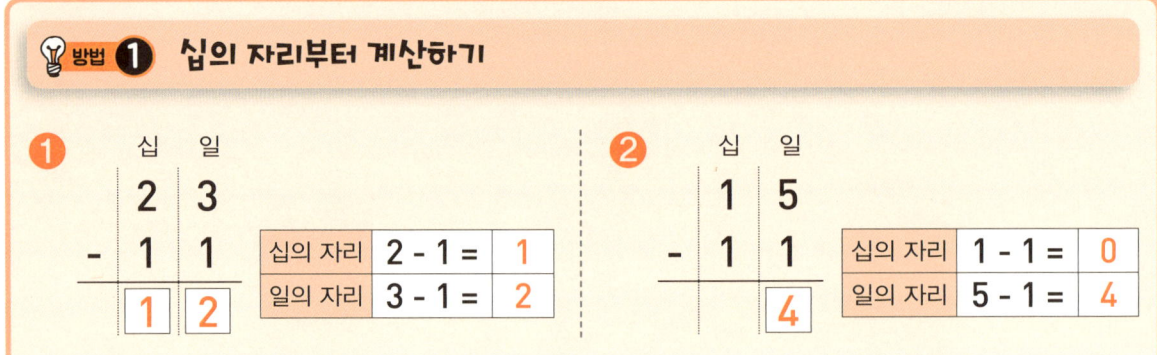

①
```
   십 일
   1 8
 - 1 2
```
십의 자리 1 - 1 =
일의 자리 8 - 2 =

③
```
   십 일
   3 5
 - 1 2
```
십의 자리 3 - 1 =
일의 자리 5 - 2 =

②
```
   십 일
   2 7
 - 1 3
```
십의 자리 2 - 1 =
일의 자리 7 - 3 =

④
```
   십 일
   5 9
 - 2 4
```
십의 자리 5 - 2 =
일의 자리 9 - 4 =

Q2 □ 안에 알맞은 수를 써넣으세요.

방법 ❷ 세 수의 계산으로 고치기

❶ 26 - 14 = 24 - 14 + $\boxed{2}$
   24 + $\boxed{2}$
   = $\boxed{10}$ + 2
   = $\boxed{12}$

❷ 19 - 17 = 17 - 17 + $\boxed{2}$
   17 + $\boxed{2}$
   = $\boxed{0}$ + $\boxed{2}$
   = $\boxed{2}$

❶ 46 - 24 = 44 - 24 + □
   44 + □
   = □ + □
   = □

❸ 55 - 24 = 54 - 24 + □
   54 + □
   = □ + □
   = □

❷ 38 - 15 = 35 - 15 + □
   35 + □
   = □ + □
   = □

❹ 73 - 21 = 71 - 21 + □
   71 + □
   = □ + □
   = □

Q3 ☐ 안에 알맞은 수를 써넣으세요.

방법 ❸ (몇십) − (몇십) 활용하기

❶ 22 − 11
= 20 + ☐2 − 10 − ☐1
= 20 − 10 + ☐2 − ☐1
= ☐10 + ☐1 = ☐11

❷ 51 − 41
= 50 + ☐1 − 40 − ☐1
= 50 − 40 + ☐1 − ☐1
= ☐10 + ☐0 = ☐10

❶ 32 − 21
= 30 + ☐ − 20 − ☐
= 30 − 20 + ☐ − ☐
= ☐ + ☐ = ☐

❸ 71 − 50
= 70 + ☐ − 50
= 70 − 50 + ☐
= ☐ + ☐ = ☐

❷ 42 − 11
= 40 + ☐ − 10 − ☐
= 40 − 10 + ☐ − ☐
= ☐ + ☐ = ☐

❹ 63 − 21
= 60 + ☐ − 20 − ☐
= 60 − 20 + ☐ − ☐
= ☐ + ☐ = ☐

5. (몇십 몇) − (몇십 몇) 계산하기

One Problem Multi Solution — 2단계

유형1 (몇십 몇) − (몇십)의 계산

(몇십 몇) − (몇십)을 세 가지 방법으로 계산해 봅시다.

방법 ① 십의 자리부터 계산하기

```
    십  일
    2   3
  − 1   0
  ─────────
    1   3
```

십의 자리	2 − 1 =	1
일의 자리	0 − 0 =	3

방법 ② 세 수의 계산으로 고치기

23 − 10 = 23 − 13 + 3
        = 10 + 3
        = 13

방법 ③ (몇십) − (몇십) 활용하기

  23 − 10
= 20 + 3 − 10
= 20 − 10 + 3
= 10 + 3 = 13

◎ 계산해 보세요.

1. 82 − 20

①
```
    십  일
    8   2
  − 2   0
  ─────────
    □   □
```

| 십의 자리 | 8 − 2 = □ |
| 일의 자리 | 2 − 0 = □ |

② 82 − 20 = 82 − 22 + □
          = □ + □
          = □

> 20대신 22를 뺐으므로, 두 수의 차를 더합니다.

③ 82 − 20
= 80 + □ − 20
= 80 − 20 + □
= □ + □ = □

2. 74 − 30

❶
십	일
7	4
− 3	0
☐	☐

십의 자리	7 − 3 = ☐
일의 자리	4 − 0 = ☐

❷ 74 − 30 = 74 − 34 + ☐
  = ☐ + ☐
  = ☐

💬 30대신 34를 뺐으므로, 두 수의 차를 더합니다.

❸ 74 − 30
= 70 + ☐ − 30
= 70 − 30 + ☐
= ☐ + ☐ = ☐

💬 74는 70과 어떤 수로 가르기 할 수 있습니다.

3. 62 − 50

❶
십	일
6	2
− 5	0
☐	☐

십의 자리	6 − 5 = ☐
일의 자리	2 − 0 = ☐

❷ 62 − 50 = 62 − 52 + ☐
  = ☐ + ☐
  = ☐

💬 50대신 52를 뺐으므로, 두 수의 차를 더합니다.

❸ 62 − 50
= 60 + ☐ − 50
= 60 − 50 + ☐
= ☐ + ☐ = ☐

2단계 ⑤ (몇십 몇) − (몇십 몇) 계산하기 유형2

유형2 (몇십 몇) − (몇십 몇)의 계산

(몇십 몇) − (몇십 몇)을 세 가지 방법으로 계산해 봅시다.

방법 ① 십의 자리부터 계산하기

①
```
    십  일
    4   7
 −  1   5
 ─────────
    3   2
```

| 십의 자리 | 4 − 1 = | 3 |
| 일의 자리 | 7 − 5 = | 2 |

방법 ② 세 수의 계산으로 고치기

47 − 15 = 45 − 15 + 2
(45 + 2)
= 30 + 2
= 32

방법 ③ (몇십) − (몇십) 활용하기

47 − 15
= 40 + 7 − 10 − 5
= 40 − 10 + 7 − 5
= 30 + 2 = 32

◎ 계산해 보세요.

1. 65 − 24

①
```
    십  일
    6   5
 −  2   4
 ─────────
    □   □
```

| 십의 자리 | 6 − 2 = □ |
| 일의 자리 | 5 − 4 = □ |

② 65 − 24 = 64 − 24 + □
(64 + □)
= □ + □
= □

③ 65 − 24
= 60 + □ − 20 − □
= 60 − 20 + □ − □
= □ + □ = □

2. 48 − 12

❶
	십	일
	4	8
−	1	2
	☐	☐

십의 자리	4 − 1 = ☐
일의 자리	8 − 2 = ☐

❷ 48 − 12 = 42 − 12 + ☐
　42 + ☐　　　= ☐ + ☐
　　　　　　　= ☐

> 12를 빼기 쉬운 수로 48을 가르기 해 봅니다.

❸ 48 − 12
= 40 + ☐ − 10 − ☐
= 40 − 10 + ☐ − ☐
= ☐ + ☐ = ☐

3. 77 − 14

❶
	십	일
	7	7
−	1	4
	☐	☐

십의 자리	7 − 1 = ☐
일의 자리	7 − 4 = ☐

❷ 77 − 14 = 74 − 14 + ☐
　74 + ☐　　　= ☐ + ☐
　　　　　　　= ☐

❸ 77 + 14
= 70 + ☐ − 10 − ☐
= 70 − 10 + ☐ − ☐
= ☐ + ☐ = ☐

5 (몇십 몇)-(몇십 몇) 계산하기

Calculation Master
단계

◎ 계산해 보세요.

❶ 16 - 10 = ☐

❷ 28 - 10 = ☐

❸ 37 - 10 = ☐

❹ 45 - 20 = ☐

❺ 52 - 40 = ☐

❻ 68 - 20 = ☐

❼ 75 - 60 = ☐

❽ 88 - 30 = ☐

❾ 96 - 20 = ☐

❿ 64 - 50 = ☐

⓫ 89 - 50 = ☐

⓬ 97 - 60 = ☐

3단계 ❺ (몇십 몇) − (몇십 몇) 계산하기

⑬ 31 − 11 = ☐

⑭ 95 − 54 = ☐

⑮ 76 − 43 = ☐

⑯ 58 − 32 = ☐

⑰ 67 − 31 = ☐

⑱ 49 − 37 = ☐

⑲ 87 − 55 = ☐

⑳ 79 − 77 = ☐

㉑ 43 − 22 = ☐

㉒ 98 − 45 = ☐

㉓ 66 − 42 = ☐

㉔ 99 − 74 = ☐

6 여러 가지 뺄셈

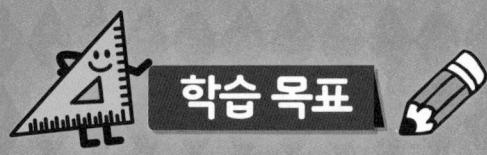

단계	학습 의도	구분	학습 주제	관련 교과
1단계	Basic Exercise 여러 유형의 뺄셈을 계산하는 여러 가지 방법을 배웁니다.	방법1	표 만들기	
		방법2	세로셈으로 풀기	
		방법3	수직선 이용하기	
2단계	One Problem Multi Solution 1단계에서 배운 여러 가지 방법을 토대로 뺄셈의 여러 가지 유형을 계산합니다.	유형1	화살표 방향으로 빼기	〈1-2〉 3.덧셈과 뺄셈(1)
		유형2	답이 같은 것끼리 짝짓기	〈1-1〉 3.덧셈과 뺄셈
		유형3	뺄셈식 만들기	〈1-2〉 5.덧셈과 뺄셈(2)
		유형4	수 배열에서 규칙 찾기	〈1-2〉 5.덧셈과 뺄셈(2) 〈1-1〉 3.덧셈과 뺄셈 〈1-2〉 6. 규칙 찾기
3단계	Calculation Master 앞에서 학습한 내용을 자유롭게 적용해 계산합니다.			

Basic Exercise

6 여러 가지 뺄셈

1단계

Q1 □ 안에 알맞은 수를 써넣으세요.

방법 ① 표 만들기

❶ 9 - 6 = 3

-	7	8	9
6	1	2	3

❷ 17 - 12 = 5

-	17	18	19
12	5	6	7

❶ 8 - 5 = ☐

-	7	8	9
5	2		4

7, 8, 9에서 6을 뺄 때 어떤 규칙이 있는지 생각해 봅니다.

❸ 15 - 13 = ☐

-	14	15	16
13	1		3

14, 15, 16에서 13을 뺄 때 어떤 규칙이 있는지 생각해 봅니다.

❷ 7 - 2 = ☐

-	7	8	9
2		6	7

❹ 12 - 3 = ☐

-	12	13	14
3		10	11

Q2 □ 안에 알맞은 수를 써넣으세요.

방법 2 세로셈으로 풀기

①
십	일
3	4
-1	2
2	3

②
십	일
2	8
-1	3
1	5

①
십	일
2	9
-1	3
□	□

각 자리의 숫자끼리 빼서 내려 씁니다.

②
십	일
3	5
-1	2
□	□

③
십	일
5	5
-2	4
□	□

④
십	일
6	2
-3	1
□	□

Q3 □ 안에 알맞은 수를 써넣으세요.

방법 3 수직선 이용하기

①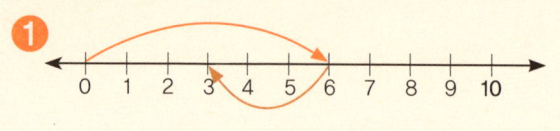

6 - 3 = 3

②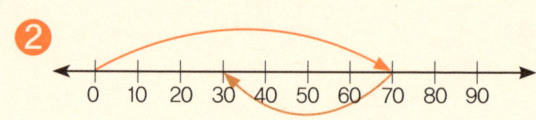

70 - 40 = 30

①
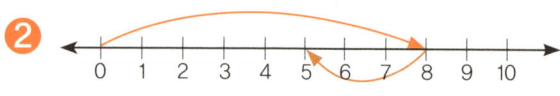

9 - 2 = □

> 9에서 왼쪽으로 2칸 이동했습니다.

③
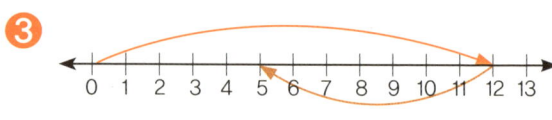

12 - 7 = □

②

8 - 3 = □

④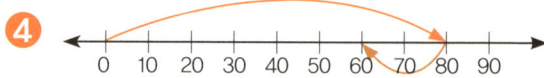

80 - 20 = □

6. 여러 가지 뺄셈

One Problem Multi Solution
2단계

유형1 화살표 방향으로 빼기

두 수를 여러 가지 방법으로 계산해 봅시다.

13 - 3 → 10 - 5 → 5

방법 ❶ 표 만들기

-	11	12	13
3	8	9	10

-	10	11	12
5	5	6	7

방법 ❷ 세로셈으로 풀기

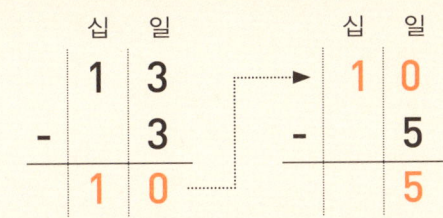

방법 ❸ 수직선 이용하기

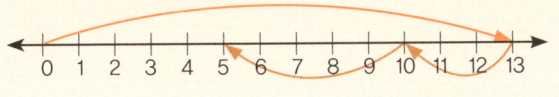

13 - 3 - 5 = 5

◎ 화살표 방향으로 주어진 뺄셈을 계산해 보세요.

1. 12 - 2 → ☐ - 3 → ☐

❶
-	11	12	13
2	9		11

-		11	12
3		8	9

❷
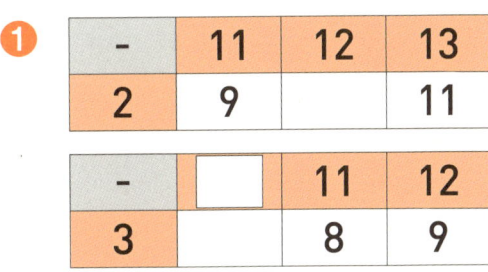

❸
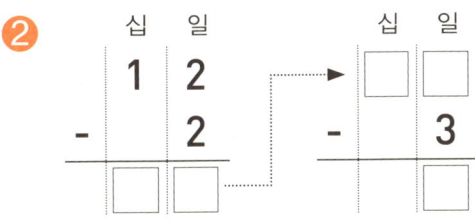

12 - 2 - 3 = ☐

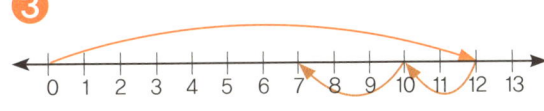

12에서 왼쪽으로 2칸, 3칸 이동했습니다.

2. ❶

-	10	11	12
4		7	8

-	5		7
1	4		6

먼저 10, 11, 12에서 4를 빼는 규칙을 생각해 봅니다.

❷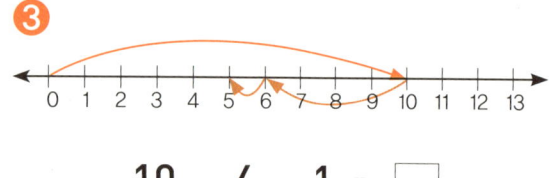

❸

10 - 4 - 1 = ☐

3. ❶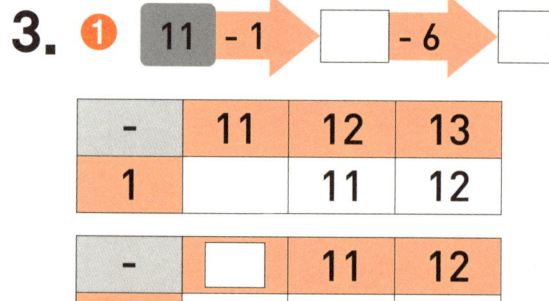

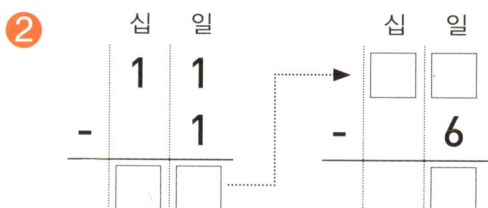

❷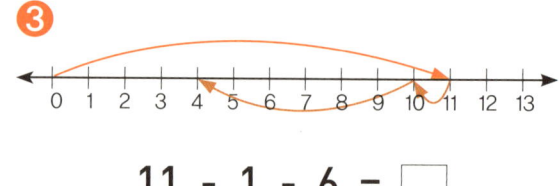

❸

11 - 1 - 6 = ☐

2단계 ⑥ 여러 가지 뺄셈 유형2

유형2 답이 같은 것끼리 짝짓기

다양한 방법으로 계산 결과가 같은 것을 찾아봅시다.

12 - 2 ── 11 - 1
         10 - 3

방법 ① 표 만들기

-	10	11	12
1	9	10	11
2	8	9	10
3	7	8	9

방법 ② 세로셈으로 풀기

```
 십 일      십 일      십 일
 1  2      1  1      1  0
-   2     -   1     -   3
─────     ─────     ─────
 1  0      1  0        7
```

방법 ③ 수직선 이용하기

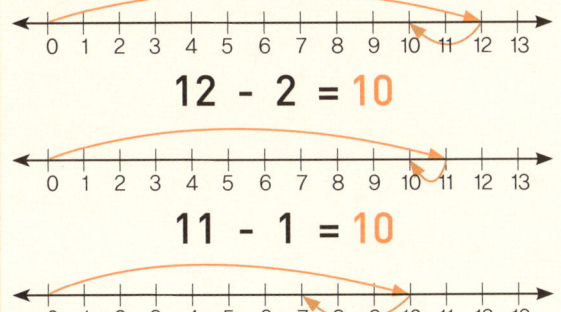

12 - 2 = 10

11 - 1 = 10

10 - 3 = 7

◎ 계산 결과가 같은 것을 찾아 선으로 연결해 보세요.

1. 11 - 4   10 - 5
                  9 - 2

①

-	9	10	11
2		8	9
3	6	7	8
4	5	6	
5	4		6

②
```
 십 일      십 일      십 일
 1  1      1  0        9
-   4     -   5     -   2
─────     ─────     ─────
  □         □         □
```

③
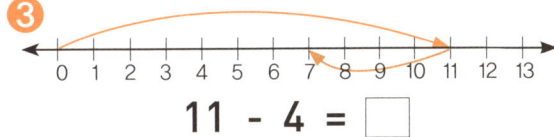

11 - 4 = □

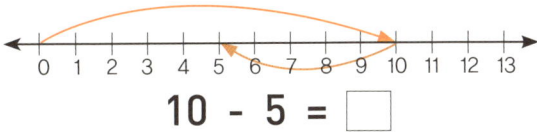

10 - 5 = □

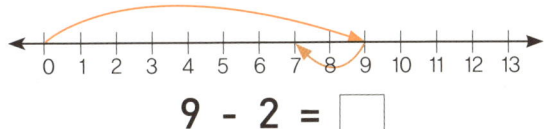

9 - 2 = □

2. | 11 - 6 | | 10 - 4 |
              | 9 - 4 |

❶

-	9	10	11
4			7
5	4	5	6
6	3	4	

❷

십	일
1	1
-	6
	☐

십	일
1	0
-	4
	☐

십	일
	9
-	4
	☐

❸

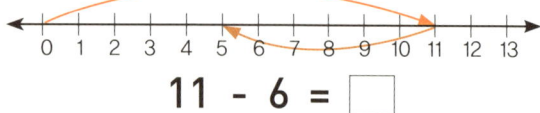
11 - 6 = ☐

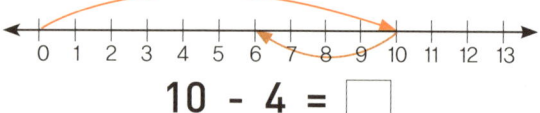
10 - 4 = ☐

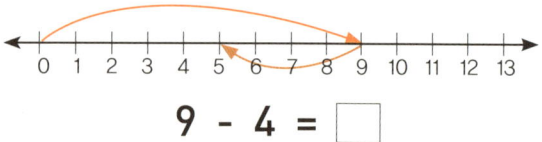
9 - 4 = ☐

3. | 13 - 9 | | 12 - 6 |
              | 11 - 7 |

❶

-	11	12	13
6	5		7
7		5	6
8	3	4	5
9	2	3	

❷

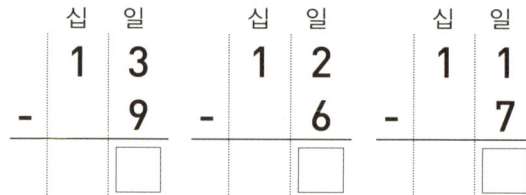

❸

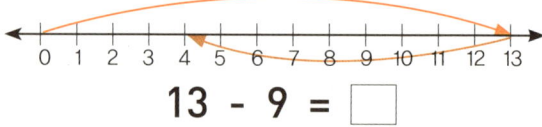
13 - 9 = ☐

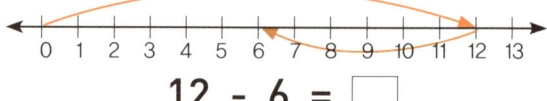
12 - 6 = ☐

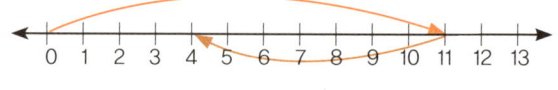
11 - 7 = ☐

2단계

6 여러 가지 뺄셈 유형3

유형3 뺄셈식 만들기

세 수를 보고 다양한 방법으로 뺄셈식을 만들어 봅시다.

| 6 | 8 | 14 |

14 - 8 = 6
14 - 6 = 8

방법 ❶ 표 만들기

-	14
6	8
8	6

방법 ❷ 세로셈으로 풀기

```
  십 일        십 일
   1 4         1 4
 -   6       -   8
 ─────       ─────
     8           6
```

방법 ❸ 수직선 이용하기

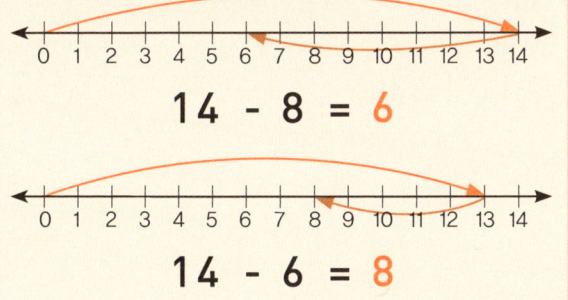

14 - 8 = 6

14 - 6 = 8

◎ 빈칸에 알맞은 수를 넣어 두 가지 뺄셈식을 만들어 봅시다.

1. | 11 | 13 | 2 |

□ - □ = □
□ - □ = □

❶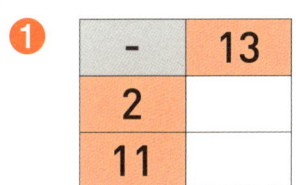

-	13
2	
11	

❷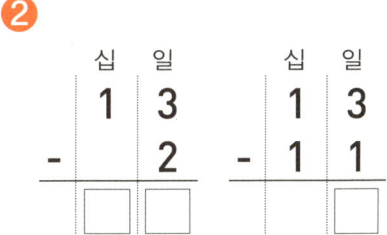

❸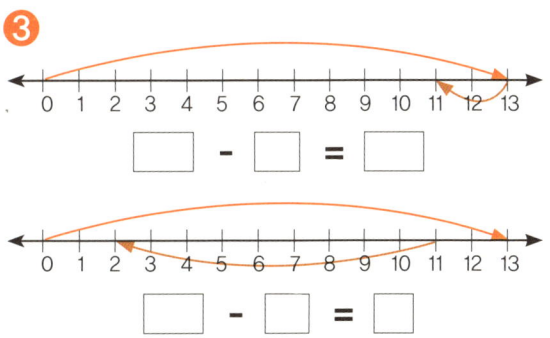

□ - □ = □

□ - □ = □

2.

☐ - ☐ = ☐
☐ - ☐ = ☐

💬 두 가지 뺄셈식을 만들 수 있습니다.

❶
-	12
4	
8	

❷
```
  십 일        십 일
  1  2        1  2
-    4      -    8
  ─────      ─────
     ☐          ☐
```

❸
☐ - ☐ = ☐

☐ - ☐ = ☐

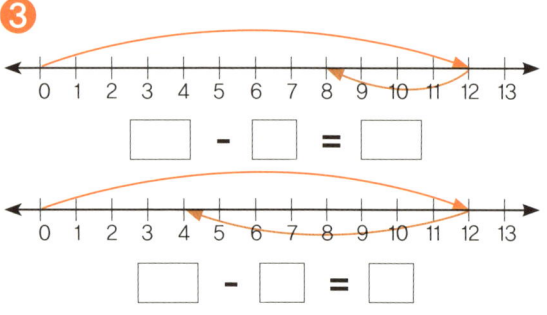

3.

☐ - ☐ = ☐
☐ - ☐ = ☐

❶
-	14
5	
9	

❷
```
  십 일        십 일
  1  4        1  4
-    5      -    9
  ─────      ─────
     ☐          ☐
```

❸
☐ - ☐ = ☐

☐ - ☐ = ☐

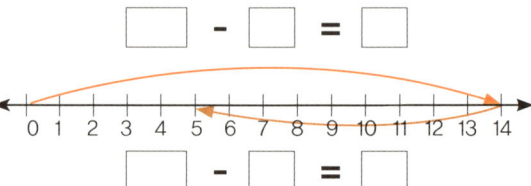

2단계

6 여러 가지 뺄셈 유형4

유형4 수 배열에서 규칙 찾기

한 줄로 늘어놓은 수를 보고 여러 가지 방법으로 규칙을 찾아봅시다.

8　6　4　2

💡 **방법 ①** 표 만들기

▶ 규칙 : 2씩 작아지는 규칙

-	2	2	2
8	6	4	7

💡 **방법 ②** 세로셈으로 풀기

▶ 규칙 : 2씩 작아지는 규칙

```
  일        일        일
  1         6         4
- 2       - 2       - 2
 ───       ───       ───
  6         4         2
```

💡 **방법 ③** 수 막대 이용하기

▶ 규칙 : 2씩 작아지는 규칙

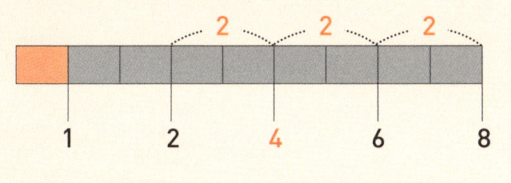

◎ 규칙을 찾아 설명하고, 빈 칸에 알맞은 수를 써넣어 보세요.

1. 　9　　6　　☐　　0

① ▶ 규칙 :

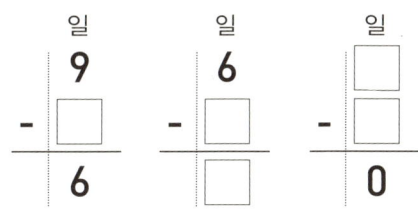

② ▶ 규칙 :

```
  일       일       일
  9        6        ☐
- ☐     - ☐     - ☐
 ───     ───     ───
  6        ☐        0
```

③ ▶ 규칙 :

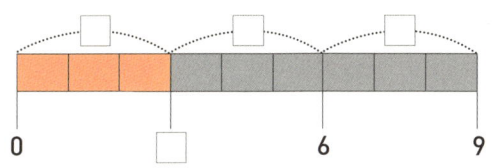

2.

❶ ▶ 규칙 :

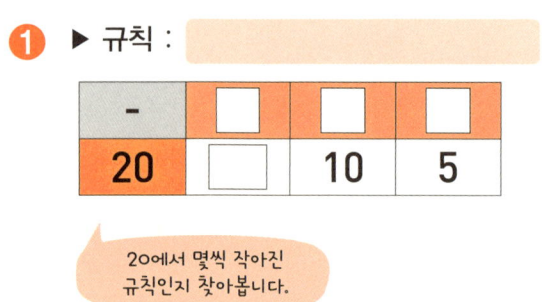

❷ ▶ 규칙 :

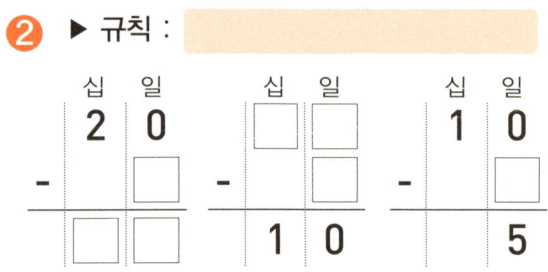

❸ ▶ 규칙 :

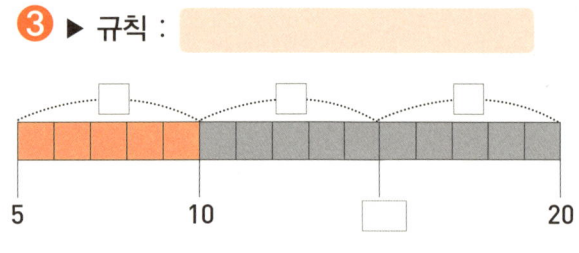

3.

❶ ▶ 규칙 :

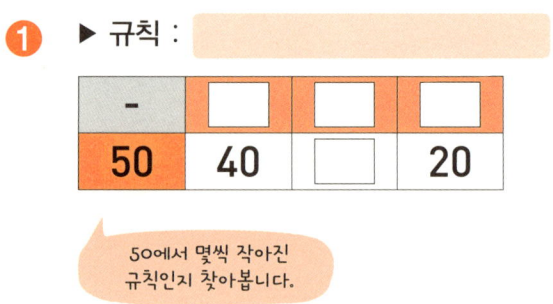

❷ ▶ 규칙 :

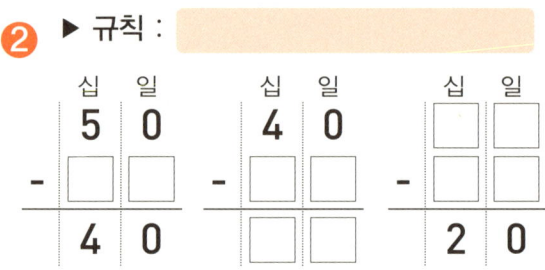

❸ ▶ 규칙 :

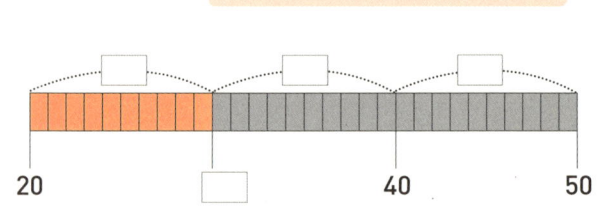

6 여러 가지 뺄셈

Calculation Master 3단계

◎ 계산해 보세요.

① 10 - 3 ☐ - 5 ☐

② 16 - 8 ☐ - 2 ☐

③ 25 - 11 ☐ - 3 ☐

④ 38 - 12 ☐ - 14 ☐

⑤ 57 - 23 ☐ - 3 ☐

⑥ 37 - 25 ☐ - 4 ☐

⑦ 27 - 15   23 - 13 / 18 - 6

⑧ 10 - 3   19 - 12 / 8 - 2

⑨ 31 - 21   17 - 4 / 25 - 15

⑩ 50 - 30   80 - 40 / 70 - 50

⑪ 64 - 32   58 - 26 / 75 - 41

⑫ 11 - 3   15 - 9 / 13 - 5

3단계 ❻ 여러 가지 뺄셈

⑬ [7] [18] [11]

□-□=□   □-□=□

⑭ [12] [15] [27]

□-□=□   □-□=□

⑮ [30] [80] [50]

□-□=□   □-□=□

⑯ [5] [19] [14]

□-□=□   □-□=□

⑰ [15] [13] [28]

□-□=□   □-□=□

⑱ [15] [25] [10]

□-□=□   □-□=□

⑲ [14] [10] [ ] [2]

▶ 규칙 :

⑳ [12] [ ] [6] [3]

▶ 규칙 :

㉑ [18] [16] [ ] [12]

▶ 규칙 :

㉒ [30] [25] [20] [ ]

▶ 규칙 :

㉓ [80] [60] [ ] [20]

▶ 규칙 :

㉔ [70] [ ] [50] [40]

▶ 규칙 :

 **뺄셈식에서 ■의 값 구하기**

단계	학습 의도	구분	학습 주제	관련 교과
1단계	Basic Exercise 뺄셈식에서 ■의 값을 구하는 여러 가지 방법을 배웁니다.	방법1	어림하여 뺄셈하기	
		방법2	덧셈 이용하기	
2단계	One Problem Multi Solution 1단계에서 배운 여러 가지 방법을 토대로 뺄셈식에서 ■의 값을 구하는 여러 가지 유형을 살펴 봅니다.	유형1	뺄셈식을 덧셈식으로 나타내기	〈1-2〉 5.덧셈과 뺄셈(2)
		유형2	(몇) − ■ = (몇)	〈1-2〉 5.덧셈과 뺄셈(2)
		유형3	■ − (몇) = (몇)	〈1-2〉 5.덧셈과 뺄셈(2)
		유형4	(몇십몇) − ■ = (몇) 또는 (몇십몇)	〈1-2〉 5.덧셈과 뺄셈(2)
		유형5	■ − (몇십 몇) = (몇) 또는 (몇십몇)	〈1-2〉 5.덧셈과 뺄셈(2)
3단계	앞에서 학습한 내용을 자유롭게 적용해 계산합니다.			

7. 뺄셈식에서 ■의 값 구하기

Basic Exercise 1단계

Q1 ☐ 안에 알맞은 수를 써넣으세요.

방법 ① 어림하여 뺄셈하기

❶ 5 - ■ = 3

① 5 - 1 = 4	
② 5 - 2 = 3	O
③ 5 - 3 = 2	

■ = 2

❷ ■ - 4 = 6

① 8 - 4 = 4	
② 9 - 4 = 5	
③ 10 - 4 = 6	O

■ = 10

---

❶ 7 - ■ = 4

| ① 7 - 1 = ☐ |
| ② 7 - 2 = ☐ |
| ③ 7 - 3 = ☐ |

■ = ☐

💬 ■라고 예측되는 수를 하나씩 넣어 봅니다.

❷ 6 - ■ = 1

| ① 6 - 4 = ☐ |
| ② 6 - 5 = ☐ |
| ③ 6 - 6 = ☐ |

■ = ☐

❸ ■ - 8 = 2

| ① 8 - 8 = ☐ |
| ② 9 - 8 = ☐ |
| ③ 10 - 8 = ☐ |

■ = ☐

❹ ■ - 2 = 11

| ① 12 - 2 = ☐ |
| ② 13 - 2 = ☐ |
| ③ 14 - 2 = ☐ |

■ = ☐

Q2 ☐ 안에 알맞은 수를 써넣으세요.

> **방법 ❷** 덧셈 이용하기
>
> ❶ 8 - ■ = 2
> ⇒ ■ + 2 = 8
> ■ = [6]   [6] + 2
>
> ❷ ■ - 7 = 3
> ⇒ 3 + [7] = [10]
> ■ = [10]

❶ 14 - ■ = 10
⇒ ■ + 10 = 14
■ = ☐   ☐ + 10

> 14에서 ■를 빼면 10이므로,
> ■와 10을 더하면 14가 됩니다.

❸ ■ - 2 = 15
⇒ 15 + ☐ = ☐
■ = ☐

> ■에서 2를 빼면 15이므로, 15와
> 어떤 수를 더하면 ■가 됩니다.

❷ 18 - ■ = 12
⇒ ■ + 12 = 18
■ = ☐   ☐ + 12

❹ ■ - 5 = 23
⇒ 23 + ☐ = ☐
■ = ☐

7. 뺄셈식에서 ■의 값 구하기

2단계

유형1 뺄셈식을 덧셈식으로 나타내기

여러 가지 방법을 이용하여 ■를 구해 봅시다.

6 - ■ = 2 ⇒ ① 2 + ■ = 6
② ■ + 2 = 6

방법 ❶ 어림하여 뺄셈하기

6 - ■ = 2

① 6 - 2 = 4	
② 6 - 3 = 3	
③ 6 - 4 = 2	○

■ = 4

방법 ❷ 덧셈 이용하기

6 - ■ = 2
⇒ ■ + 2 = 6
■ = 4   (4 + 2)

◎ 뺄셈식을 두 가지 덧셈식으로 나타내고, ■를 구해 보세요.

1. 16 - ■ = 11 ⇒ ①
②

❶ 16 - ■ = 11

① 16 - 4 =	
② 16 - 5 =	
③ 16 - 6 =	

■ =

❷ 16 - ■ = 11

■ + 11 = 16

■ =   ☐ + 11

2. 2 - ■ = 1 ⇒
①
②

❶ 2 - ■ = 1

① 2 - 1 = ☐	
② 2 - 2 = ☐	

■ = ☐

❷ 2 - ■ = 1

⇒ ■ + 1 = 2

■ = ☐ ☐ +1

> 2에서 ■를 빼면 2이므로,
> ■와 1을 더하면 2가 됩니다.

3. ■ - 1 = 5 ⇒
①
②

❶ ■ - 1 = 5

① 4 - 1 = ☐	
② 5 - 1 = ☐	
③ 6 - 1 = ☐	

■ = ☐

❷ ■ - 1 = 5

⇒ 5 + ☐ = ☐

■ = ☐

2단계 ⑦ 뺄셈식에서 ■의 값 구하기 유형2

유형2 (몇) − ■ = (몇)

두 가지 방법을 이용하여 ■안에 들어갈 알맞은 수를 찾아봅시다.

방법 ❶ 어림하여 뺄셈하기

4 − ■ = 1

① 4 − 1 = 3	
② 4 − 2 = 2	
③ 4 − 3 = 1	○

■ = 3

방법 ❷ 덧셈 이용하기

4 − ■ = 1
⇒ ■ + 1 = 4
   ■ = 3   3 + 1

◎ 뺄셈식에서 ■를 구해 보세요.

1. 7 − ■ = 2

❶ 7 − ■ = 2

① 7 − 4 =	
② 7 − 5 =	
③ 7 − 6 =	

■ = ☐

■라고 예측되는 수를 하나씩 넣어 봅니다.

❷ 7 − ■ = 2
⇒ ■ + 2 = 7
   ■ = ☐   ☐ +2

7에서 ■를 빼면 2이므로, ■와 2를 더하면 7이 됩니다.

2. 9 - ■ = 6

❶ 9 - ■ = 6

① 9 - 1 = ☐	
② 9 - 2 = ☐	
③ 9 - 3 = ☐	

■ = ☐

❷ 9 - ■ = 6
⇒ ■ + 6 = 9

■ = ☐ ☐+6

9에서 ■를 빼면 6이므로,
■와 6을 더하면 9가 됩니다.

3. 8 - ■ = 4

❶ 8 - ■ = 4

① 8 - 2 = ☐	
② 8 - 3 = ☐	
③ 8 - 4 = ☐	

■ = ☐

❷ 8 - ■ = 4
⇒ ■ + 4 = 8

■ = ☐ ☐+4

2단계 ❼ 뺄셈식에서 ■의 값 구하기 유형3

유형3 ■ − (몇) = (몇)

두 가지 방법을 이용하여 ■ 안에 들어갈 알맞은 수를 찾아봅시다.

방법 ❶ 어림하여 뺄셈하기

■ − 1 = 2

① 2 − 1 = 1	
② 3 − 1 = 2	○
③ 4 − 1 = 3	

■ = 3

방법 ❷ 덧셈 이용하기

■ − 1 = 2
⇒ 2 + 1 = 3
■ = 3

◎ 뺄셈식에서 ■를 구해 보세요.

1. ■ − 1 = 4

❶ ■ − 1 = 4

① 3 − 1 = ☐	
② 4 − 1 = ☐	
③ 5 − 1 = ☐	

■ = ☐

❷ ■ − 1 = 4
⇒ 4 + ☐ = ☐
■ = ☐

■에서 1를 빼면 4이므로, 4와 어떤 수를 더하면 ■가 됩니다.

2. ■ − 4 = 3

❶ ■ − 4 = 3

① 6 − 4 = ☐	
② 7 − 4 = ☐	
③ 8 − 4 = ☐	

■ = ☐

❷ ■ − 4 = 3
⇒ 3 + ☐ = ☐

■ = ☐

3. ■ − 2 = 6

❶ ■ − 2 = 6

① 6 − 2 = ☐	
② 7 − 2 = ☐	
③ 8 − 2 = ☐	

■ = ☐

❷ ■ − 2 = 6
⇒ 6 + ☐ = ☐

■ = ☐

> ■에서 2를 빼면 6이므로, 6과 어떤 수를 더하면 ■가 됩니다.

2단계 ❼ 뺄셈식에서 ■의 값 구하기 유형4

유형4 (몇십 몇) − ■ = (몇) 또는 (몇십 몇)

두 가지 방법을 이용하여 ■ 안에 들어갈 알맞은 수를 찾아봅시다.

방법 ❶ 어림하여 뺄셈하기

12 − ■ = 7

① 12 − 3 = 9	
② 12 − 4 = 8	
③ 12 − 5 = 7	○

■ = 5

방법 ❷ 덧셈 이용하기

12 − ■ = 7

⇒ ■ + 7 = 12

■ = 5   (5 + 7)

◎ 뺄셈식에서 ■를 구해 보세요.

1. 19 − ■ = 12

❶ 19 − ■ = 12

① 19 − 7 = ☐	
② 19 − 8 = ☐	
③ 19 − 9 = ☐	

■ = ☐

❷ 19 − ■ = 12

⇒ ■ + 12 = 19

■ = ☐   (☐ + 12)

2. 11 − ■ = 9

❶ 11 − ■ = 9

① 11 − 1 =		
② 11 − 2 =		
③ 11 − 3 =		

■ = ☐

❷ 11 − ■ = 9
⇒ ■ + 9 = 11

■ = ☐   ☐ + 9

> 11에서 ■를 빼면 9이므로,
> ■와 9를 더하면 11이 됩니다.

3. 23 − ■ = 12

❶ 23 − ■ = 12

① 23 − 10 =		
② 23 − 11 =		
③ 23 − 12 =		

■ = ☐

❷ 23 − ■ = 12
⇒ ■ + 12 = 23

■ = ☐   ☐ + 12

2단계

7 뺄셈식에서 ■의 값 구하기 유형5

유형5  ■ − (몇십 몇) = (몇) 또는 (몇십 몇)

두 가지 방법을 이용하여 ■ 안에 들어갈 알맞은 수를 찾아봅시다.

방법 ① 어림하여 뺄셈하기

■ − 12 = 7

① 17 − 12 = 5	
② 18 − 12 = 6	
③ 19 − 12 = 7	○

■ = 19

방법 ② 덧셈 이용하기

■ − 12 = 7

⇒ 7 + 12 = ■

■ = 19

◎ 뺄셈식에서 ■를 구해 보세요.

1. ■ − 13 = 4

❶ ■ − 13 = 4

① 15 − 13 = ☐	
② 16 − 13 = ☐	
③ 17 − 13 = ☐	

■ = ☐

❷ ■ − 13 = 4

⇒ 4 + ☐ = ☐

■ = ☐

2. ■ − 15 = 14

❶ ■ − 15 = 14

① 27 − 15 =	
② 28 − 15 =	
③ 29 − 15 =	

■ = ☐

❷ ■ − 15 = 14
⇒ 14 + ☐ = ☐
■ = ☐

3. ■ − 21 = 11

❶ ■ − 21 = 11

① 31 − 21 =	
② 32 − 21 =	
③ 33 − 21 =	

■ = ☐

❷ ■ − 21 = 11
⇒ 11 + ☐ = ☐
■ = ☐

7. 뺄셈식에서 ■의 값 구하기

Calculation Master

◎ 뺄셈식을 덧셈식으로 바꾸고 ■를 구해 보세요.

❶ 3 - ■ = 1 ⟹ ① ☐
　■ = ☐　　② ☐

❼ 7 - ■ = 1
　■ = ☐

❷ 4 - ■ = 3 ⟹ ① ☐
　■ = ☐　　② ☐

❽ 5 - ■ = 2
　■ = ☐

❸ 6 - ■ = 3 ⟹ ① ☐
　■ = ☐　　② ☐

❾ 4 - ■ = 2
　■ = ☐

❹ ■ - 1 = 6 ⟹ ① ☐
　■ = ☐　　② ☐

❿ ■ - 7 = 1
　■ = ☐

❺ ■ - 3 = 5 ⟹ ① ☐
　■ = ☐　　② ☐

⓫ ■ - 2 = 4
　■ = ☐

❻ ■ - 7 = 2 ⟹ ① ☐
　■ = ☐　　② ☐

⓬ ■ - 6 = 3
　■ = ☐

3단계 ❼ 뺄셈식에서 ■의 값 구하기

⑬ 10 - ■ = 8
■ = ☐

⑭ 13 - ■ = 8
■ = ☐

⑮ 18 - ■ = 10
■ = ☐

⑯ 45 - ■ = 24
■ = ☐

⑰ 63 - ■ = 41
■ = ☐

⑱ 79 - ■ = 26
■ = ☐

⑲ ■ - 4 = 11
■ = ☐

⑳ ■ - 7 = 4
■ = ☐

㉑ ■ - 15 = 11
■ = ☐

㉒ ■ - 23 = 14
■ = ☐

㉓ ■ - 31 = 24
■ = ☐

㉔ ■ - 83 = 15
■ = ☐

1 (몇)+(몇) 계산하기

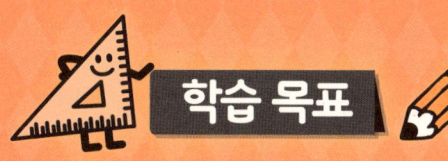 학습 목표

단계	학습 의도	구분	학습 주제	관련 교과
1단계	**Basic Exercise** (몇)+(몇)을 계산하는 여러 가지 방법을 배웁니다.	방법1	10을 기준으로 생각하기	
		방법2	같은 수+같은 수로 생각하기	
		방법3	두 수를 바꿔 덧셈하기	
2단계	**One Problem Multi Solution** 1단계에서 배운 여러 가지 방법을 토대로 (몇)+(몇)의 여러 가지 유형을 계산합니다.	유형1	수를 모으고 가르기	〈1-1〉 3. 덧셈과 뺄셈
		유형2	합이 10보다 작은 덧셈	〈1-1〉 3. 덧셈과 뺄셈
		유형3	합이 10이 되는 덧셈	〈1-2〉 5.덧셈과 뺄셈(2)
		유형4	합이 10보다 큰 덧셈	〈1-2〉 5.덧셈과 뺄셈(2)
3단계	**Calculation Master** 앞에서 학습한 내용을 자유롭게 적용해 계산합니다.			

1 (몇) + (몇) 계산하기 — 1단계

Q1 □ 안에 알맞은 수를 써넣으세요.

방법 ① 10을 기준으로 생각하기

5 + 4 = 5 + [5] − 1
       = 10 − [1]
       = [9]

6 + 2 = 6 + [4] − 2
       = 10 − [2]
       = [8]

❶ 8 + 1 = 8 + [2] − 1
         = 10 − [1]
         = [9]

해설 8과 2를 모아서 10을 만들 수 있으므로 1을 2−1로 바꾸어 계산합니다.

❸ 6 + 3 = 6 + [4] − 1
         = 10 − [1]
         = [9]

해설 6과 4를 모아서 10을 만들 수 있으므로 3을 4−1로 바꾸어 계산합니다.

❷ 7 + 1 = 7 + [3] − 2
         = 10 − [2]
         = [8]

해설 7과 3을 모아서 10을 만들 수 있으므로 1을 3−2로 바꾸어 계산합니다.

❹ 5 + 3 = 5 + [5] − 2
         = 10 − [2]
         = [8]

해설 5와 5를 모아서 10을 만들 수 있으므로 3을 5−2로 바꾸어 계산합니다.

Q2 □ 안에 알맞은 수를 써넣으세요.

방법 ② 같은 수 + 같은 수로 생각하기

2 + 3 = 2 + [2] + 1
       = 4 + [1]
       = [5]

4 + 3 = 4 + [4] − 1
       = 8 − [1]
       = [7]

❶ 1 + 2 = 1 + [1] + 1
         = 2 + [1]
         = [3]

해설 2를 1+1로 갈라서 1+1+1로 계산합니다.

❸ 4 + 2 = 4 + [4] − 2
         = 8 − [2]
         = [6]

해설 같은 수의 덧셈인 4+4로 계산하기 위해 2를 4−2로 바꿉니다.

❷ 2 + 4 = 2 + [2] + 2
         = 4 + [2]
         = [6]

해설 4를 2+2로 갈라서 2+2+2로 계산합니다.

❹ 3 + 2 = 3 + [3] − 1
         = 6 − [1]
         = [5]

해설 같은 수의 덧셈인 3+3으로 계산하기 위해 2를 3−1로 바꿉니다.

Q3 □ 안에 알맞은 수를 써넣으세요.

방법 ③ 두 수를 바꿔 덧셈하기

❶ 4 + 5 = 5 + [4]
         = [9]

❷ 2 + 3 = 3 + [2]
         = [5]

❶ 1 + 3 = 3 + [1]
         = [4]

해설 1+3은 3+1과 계산 결과가 같습니다.

❹ 3 + 5 = 5 + [3]
         = [8]

해설 3+5는 5+3과 계산 결과가 같습니다.

❷ 2 + 4 = 4 + [2]
         = [6]

해설 2+4는 4+2와 계산 결과가 같습니다.

❺ 2 + 6 = 6 + [2]
         = [8]

해설 2+6은 6+2와 계산 결과가 같습니다.

❸ 3 + 4 = 4 + [3]
         = [7]

해설 3+4는 4+3과 계산 결과가 같습니다.

❻ 3 + 6 = 6 + [3]
         = [9]

해설 3+6은 6+3과 계산 결과가 같습니다.

1 (몇) + (몇) 계산하기 — 2단계 One Problem Multi Solution

유형 1 수를 모으고 가르기
세 가지 방법으로 계산하면서 상황에 알맞게 수를 모으기와 가르기를 해 봅시다.

방법 ① 10을 기준으로 생각하기

4 + 5 = 4 + 6 − 1
       = 10 − 1
       = 9

방법 ② 같은 수 + 같은 수로 생각하기

4 + 5 = 4 + 4 + 1
       = 8 + 1
       = 9

방법 ③ 두 수를 바꿔 덧셈하기

4 + 5 = 5 + 4
       = 9

◎ 계산해 보세요.

1. 2 + 7

❶ 2 + 7 = [3] + 7 − 1
         = 10 − 1
         = [9]

해설 7과 3을 모아서 10을 만들 수 있습니다. 2를 3−1로 바꾸어 계산합니다.

❷ 2 + 7 = 2 + 2 + [5]
         = [4] + [5]
         = [9]

해설 7을 2와 5로 가르고, 같은 수의 덧셈인 2+2를 먼저 계산합니다.

❸ 2 + 7 = [7] + 2
         = [9]

해설 2+7은 7+2와 계산 결과가 같습니다.

198

2. 3 + 5

❶ 3 + 5 = [5] + 5 - 2
     5-[2] = 10 - 2
          = [8]

해설 5와 5를 모아서 10을 만들 수 있으므로 3을 5-2로 바꾸어 계산합니다.

❷ 3 + 5 = 3 + 3 + [2]
     3+[2] = [6] + [2]
          = [8]

해설 5를 3과 2로 가르고, 같은 수의 덧셈인 3+3을 먼저 계산합니다.

❸ 3 + 5 = [5] + 3
          = [8]

해설 3+5는 5+3과 계산 결과가 같습니다.

3. 6 + 3

❶ 6 + 3 = 6 + [4] - 1
     4-[1] = 10 - 1
          = [9]

해설 6과 4를 모아서 10을 만들 수 있으므로 3을 4-1로 바꾸어 계산합니다.

❷ 6 + 3 = 3 + [3] + 3
     3+[3] = [6] + 3
          = [9]

해설 6을 3과 3으로 가르고, 같은 수의 덧셈인 3+3+3으로 계산합니다.

❸ 6 + 3 = [3] + 6
          = [9]

해설 6+3은 3+6과 계산 결과가 같습니다.

2단계 ❶ (몇) + (몇) 계산하기 유형2

유형2 합이 10보다 작은 덧셈

합이 10보다 작은 (몇) + (몇)을 다양한 방법으로 계산해 봅시다.

방법 ❶ 10을 기준으로 생각하기

4 + 3 = 4 + 6 - 3
  6-3 = 10 - 3
      = 7

방법 ❷ 같은 수 + 같은 수로 생각하기

4 + 3 = 4 + 4 - 1
  4-1 = 8 - 1
      = 7

방법 ❸ 두 수를 바꿔 덧셈하기

4 + 3 = 3 + 4
      = 7

◎ 계산해 보세요.

1. 4 + 1

❶ 4 + 1 = 4 + [6] - [5]
     6-[5] = 10 - [5]
          = [5]

해설 4와 6을 모아서 10을 만들 수 있으므로 1을 6-5로 바꾸어 계산합니다.

❷ 4 + 1 = 4 + 4 - [3]
     4-[3] = [8] - [3]
          = [5]

해설 1을 4-3으로 바꾸고, 같은 수의 덧셈인 4+4를 먼저 계산합니다.

❸ 4 + 1 = [1] + 4
          = [5]

해설 4+1은 1+4와 계산 결과가 같습니다.

---

2. 3 + 5

❶ 3 + 5 = 3 + [7] - [2]
     7-[2] = 10 - [2]
          = [8]

해설 3과 7을 모아서 10을 만들 수 있으므로 5를 7-2로 바꾸어 계산합니다.

❷ 3 + 5 = 3 + 3 + [2]
     3+[2] = [6] + [2]
          = [8]

해설 5를 3과 2로 가르고, 같은 수의 덧셈인 3+3을 먼저 계산합니다.

❸ 3 + 5 = [5] + 3
          = [8]

해설 3+5는 5+3과 계산 결과가 같습니다.

3. 2 + 5

❶ 2 + 5 = 2 + [8] - [3]
     8-[3] = 10 - [3]
          = [7]

해설 2와 8을 모아서 10을 만들 수 있으므로 5를 8-3으로 바꾸어 계산합니다.

❷ 2 + 5 = 2 + 2 + [3]
     2+[3] = [4] + [3]
          = [7]

해설 5를 2와 3으로 가르고, 같은 수의 덧셈인 2+2를 먼저 계산합니다.

❸ 2 + 5 = [5] + 2
          = [7]

해설 2+5는 5+2와 계산 결과가 같습니다.

2단계 ❶ (몇) + (몇) 계산하기 유형3

유형3 합이 10이 되는 덧셈

합이 10이 되는 (몇) + (몇)을 다양한 방법으로 계산해 봅시다.

방법 ❶ 같은 수 + 같은 수로 생각하기

4 + 6 = 4 + 4 + 2
  4+2 = 8 + 2
      = 10

방법 ❸ 두 수를 바꿔 덧셈하기

4 + 6 = 6 + 4
      = 10

◎ 계산해 보세요.

1. 2 + 8

❶ 2 + 8 = 2 + 2 + [6]
     2+[6] = [4] + [6]
          = [10]

해설 8을 2와 6으로 가르고, 같은 수의 덧셈인 2+2를 먼저 계산합니다.

❷ 2 + 8 = [8] + 2
          = [10]

해설 2+8은 8+2와 계산 결과가 같습니다.

199

2단계 ① (몇) + (몇) 계산하기 유형4

2. 3 + 7

❶ 3 + 7 = 3 + $\boxed{3}$ + 4
  $\underbrace{}_{3+4}$ = $\boxed{6}$ + $\boxed{4}$
  = $\boxed{10}$

해설 7을 3과 4로 가르고, 같은 수의 덧셈인 3+3을 먼저 계산합니다.

❷ 3 + 7 = $\boxed{7}$ + 3
  = $\boxed{10}$

해설 3+7은 7+3과 계산 결과가 같습니다.

3. 1 + 9

❶ 1 + 9 = 1 + 1 + $\boxed{8}$
  $\underbrace{}_{1+8}$ = $\boxed{2}$ + $\boxed{8}$
  = $\boxed{10}$

해설 9를 1과 8로 가르고, 같은 수의 덧셈인 1+1을 먼저 계산합니다.

❷ 1 + 9 = $\boxed{9}$ + 1
  = $\boxed{10}$

해설 1+9는 9+1과 계산 결과가 같습니다.

유형4 합이 10보다 큰 덧셈

합이 10보다 큰 덧셈을 세 가지 방법으로 계산해 봅시다.

방법 ❶ 10을 기준으로 생각하기

8 + 3 = 8 + $\boxed{2}$ + 1
  $\underbrace{}_{2+1}$ = $\boxed{10}$ + 1
  = 11

방법 ❷ 같은 수 + 같은 수로 생각하기

8 + 3 = $\boxed{5}$ + $\boxed{3}$ + 3
  $\underbrace{}_{5+3}$ = 5 + 6
  = 11

방법 ❸ 두 수를 바꿔 덧셈하기

8 + 3 = $\boxed{3}$ + $\boxed{8}$
  = 11

◎ 계산해 보세요.

1. 9 + 4

❶ 9 + 4 = 9 + $\boxed{1}$ + 3
  $\underbrace{}_{1+3}$ = 10 + $\boxed{3}$
  = $\boxed{13}$

해설 9와 1을 모아서 10을 만들 수 있으므로 4를 1과 3으로 갈라서 계산합니다.

❷ 9 + 4 = $\boxed{5}$ + 4 + 4
  $\underbrace{}_{5+4}$ = $\boxed{5}$ + $\boxed{8}$
  = $\boxed{13}$

해설 9를 5와 4로 가르고, 같은 수의 덧셈인 4+4를 먼저 계산합니다.

❸ 9 + 4 = $\boxed{4}$ + 9
  = $\boxed{13}$

해설 9+4는 4+9와 계산 결과가 같습니다.

---

2. 7 + 6

❶ 7 + 6 = 7 + $\boxed{3}$ + $\boxed{3}$
  $\underbrace{}_{3+3}$ = 10 + $\boxed{3}$
  = $\boxed{13}$

해설 7과 3을 모아서 10을 만들 수 있으므로 6을 3과 3으로 갈라서 계산합니다.

❷ 7 + 6 = 1 + $\boxed{6}$ + 6
  $\underbrace{}_{1+6}$ = $\boxed{1}$ + $\boxed{12}$
  = $\boxed{13}$

해설 7을 1과 6으로 가르고, 같은 수의 덧셈인 6+6을 먼저 계산합니다.

❸ 7 + 6 = $\boxed{6}$ + 7
  = $\boxed{13}$

해설 7+6은 6+7과 계산 결과가 같습니다.

3. 4 + 8

❶ 4 + 8 = $\boxed{2}$ + $\boxed{2}$ + 8
  $\underbrace{}_{2+2}$ = $\boxed{2}$ + 10
  = $\boxed{12}$

해설 8과 2를 모아서 10을 만들 수 있으므로 4를 2와 2로 갈라서 계산합니다.

❷ 4 + 8 = 4 + $\boxed{4}$ + 4
  $\underbrace{}_{4+4}$ = $\boxed{8}$ + $\boxed{4}$
  = $\boxed{12}$

해설 8을 4와 4로 가르고, 같은 수의 덧셈인 4+4+4로 계산할 수 있습니다.

❸ 4 + 8 = $\boxed{8}$ + 4
  = $\boxed{12}$

해설 4+8은 8+4와 계산 결과가 같습니다.

3단계 Calculation Master ① (몇) + (몇) 계산하기

◎ 계산해 보세요.

❶ 1 + 1 = $\boxed{2}$
해설 1과 1을 모으면 2가 됩니다.

❷ 3 + 1 = $\boxed{4}$
해설 3과 1을 모으면 4가 됩니다.

❸ 1 + 4 = $\boxed{5}$
해설 1과 4를 모으면 5가 됩니다.

❹ 2 + 2 = $\boxed{4}$
해설 2와 2를 모으면 4가 됩니다.

❺ 6 + 1 = $\boxed{7}$
해설 6보다 1 큰 수는 7입니다.

❻ 7 + 1 = $\boxed{8}$
해설 7보다 1 큰 수는 8입니다.

❼ 2 + 3 = $\boxed{5}$
해설 2와 3을 모으면 5가 됩니다.

❽ 3 + 5 = $\boxed{8}$
해설 3과 5를 모으면 8이 됩니다.

❾ 7 + 2 = $\boxed{9}$
해설 7과 2를 모으면 9가 됩니다.

❿ 5 + 1 = $\boxed{6}$
해설 5보다 1 큰 수는 6입니다.

⓫ 1 + 7 = $\boxed{8}$
해설 7보다 1 큰 수는 8입니다.

⓬ 4 + 4 = $\boxed{8}$
해설 4와 4를 모으면 8이 됩니다.

3단계 ❶ (몇) + (몇) 계산하기

⑬ 1 + 9 = 10
해설 9보다 1 큰 수는 10입니다.

⑭ 8 + 2 = 10
해설 8과 2를 모으면 10이 됩니다.

⑮ 7 + 3 = 10
해설 7과 3을 모으면 10이 됩니다.

⑯ 5 + 5 = 10
해설 5와 5를 모으면 10이 됩니다.

⑰ 6 + 4 = 10
해설 6과 4를 모으면 10이 됩니다.

⑱ 9 + 1 = 10
해설 9보다 1 큰 수는 10입니다.

⑲ 3 + 9 = 12
해설 3 + 9 = 2 + 1 + 9
      = 2 + 10
      = 12

⑳ 5 + 6 = 11
해설 5 + 6 = 5 + 5 + 1
      = 10 + 1
      = 11

㉑ 9 + 5 = 14
해설 9 + 5 = 5 + 4 + 5
      = 5 + 5 + 4
      = 10 + 4
      = 14

㉒ 7 + 7 = 14
해설 7 + 7 = 7 + 3 + 4
      = 10 + 4
      = 14

㉓ 8 + 5 = 13
해설 8 + 5 = 3 + 5 + 5
      = 3 + 10
      = 13

㉔ 9 + 8 = 17
해설 9 + 8 = 9 + 1 + 7
      = 10 + 7
      = 17

❷ 세 수의 덧셈 계산하기

학습 목표

단계	학습 의도	구분	학습 주제	관련 교과
1단계	Basic Exercise 세 수를 덧셈하는 여러 가지 방법을 배웁니다.	방법1	차례대로 계산하기	
		방법2	더하기 쉬운 수부터 더하기	
		방법3	계산하기 쉽게 수 바꾸기	
2단계	One Problem Multi Solution 1단계에서 배운 여러 가지 방법을 토대로 세 수를 덧셈하는 여러 가지 유형을 계산합니다.	유형1	합이 10보다 작은 세 수의 덧셈	〈1-2〉 3.덧셈과 뺄셈(1)
		유형2	앞의 두 수의 합이 10인 세 수의 덧셈	〈1-2〉 5.덧셈과 뺄셈(2)
		유형3	뒤의 두 수의 합이 10인 세 수의 덧셈	〈1-2〉 5.덧셈과 뺄셈(2)
		유형4	양 끝 두 수의 합이 10인 세 수의 덧셈	〈1-2〉 5.덧셈과 뺄셈(2)
		유형5	합이 10보다 크거나 같은 세 수의 덧셈	〈1-2〉 5.덧셈과 뺄셈(2)
3단계	Calculation Master 앞에서 학습한 내용을 자유롭게 적용해 계산합니다.			

❷ 세 수의 덧셈 계산하기 — 1단계

Basic Exercise

Q1 ☐ 안에 알맞은 수를 써넣으세요.

방법 ❶ 차례대로 계산하기

❶ 2 + 3 + 3
= 5 + 2
= 7

❷ 5 + 2 + 1
= 7 + 1
= 8

❶ 2 + 1 + 3
= 3 + 3
= 6
해설 2와 1을 모으면 3입니다.
3과 3을 모으면 6입니다.

❷ 1 + 3 + 4
= 4 + 4
= 8
해설 1과 3을 모으면 4입니다.
4와 4를 모으면 8입니다.

❸ 3 + 3 + 2
= 6 + 2
= 8
해설 3과 3을 모으면 6입니다.
6과 2를 모으면 8입니다.

❹ 4 + 3 + 3
= 7 + 3
= 10
해설 4와 3을 모으면 7입니다.
7과 3을 모으면 10입니다.

Q2 ☐ 안에 알맞은 수를 써넣으세요.

방법 ❷ 더하기 쉬운 수부터 더하기

❶ 3 + 5 + 1
= 3 + 6
= 9

❷ 2 + 5 + 8
= 10 + 5
= 15

❶ 7 + 1 + 1
= 7 + 2
= 9
해설 1과 1을 모으면 2입니다.
7과 2를 모으면 9입니다.

❷ 6 + 2 + 1
= 6 + 3
= 9
해설 2와 1을 모으면 3입니다.
6과 3을 모으면 9입니다.

❸ 1 + 6 + 2
= 3 + 6
= 9
해설 1과 2를 모으면 3입니다.
3과 6을 모으면 9입니다.

❹ 2 + 7 + 1
= 3 + 7
= 10
해설 2와 1을 모으면 3입니다.
3과 7을 모으면 10입니다.

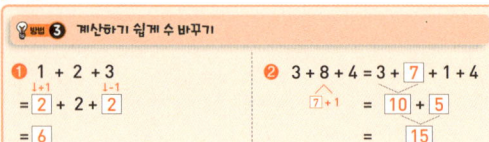

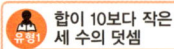

2. 5 + 5 + 3

① 5 + 5 + 3
= 10 + 3
= 13

해설 앞의 두 수를 먼저 더하고, 10+3을 계산합니다.

② 5 + 5 + 3
= 5 + 8
= 13

해설 5+3을 먼저 더하면 5+8의 계산이 되고, 5+8=3+2+8=3+10으로 계산할 수 있습니다.

③ 5 + 5 + 3 = 5 + 2 + 3 + 3
   (2+3)
= 7 + 3 + 3
= 10 + 3
= 13

해설 가운데 5를 2와 3으로 가르고 계산을 해보면 결국 순서대로 계산할 때와 마찬가지로 10+3이 됩니다.

3. 9 + 1 + 1

① 9 + 1 + 1
= 10 + 1
= 11

해설 앞의 두 수를 먼저 더하고, 10+1을 계산합니다.

② 9 + 1 + 1
= 9 + 2
= 11

해설 1+1을 먼저 계산하면 9+2가 됩니다. 9+2는 10+1과 계산 결과가 같습니다.

③ 9 + 1 + 1
   (+1)(-1)
= 10 + 1 + 0
= 11 + 0
= 11

해설 9를 10으로 바꾸면, 뒤에 더하는 수 1을 없앨 수 있습니다. 10+1을 계산하면 11이 됩니다.

2단계 ❷ 세 수의 덧셈 계산하기 유형3

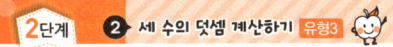

유형3 뒤의 두 수의 합이 10인 세 수의 덧셈

세 수의 덧셈을 여러 가지 방법으로 계산하면서 어떤 방법이 제일 쉬운지 생각해 봅시다.

방법 ❶ 차례대로 계산하기
  2 + 6 + 4
= 8 + 4
= 12

방법 ❷ 더하기 쉬운 수부터 더하기
  2 + 6 + 4
= 2 + 10
= 12

방법 ❸ 계산하기 쉽게 수 바꾸기
  2 + 6 + 4 = 4 + 6 + 4 - 2
  (4-2)
= 10 + 2
= 12

◎ 계산해 보세요.

1. 1 + 4 + 6

① 1 + 4 + 6
= 5 + 6
= 11

해설 1과 4를 먼저 계산한 뒤 5+6을 계산합니다. 5+6=5+5+1로 생각하여 10+1로 계산할 수 있습니다.

② 1 + 4 + 6
= 1 + 10
= 11

해설 뒤의 두 수 4와 6을 먼저 더합니다. 10에 몇을 더하는 계산이 더 쉬울 수 있습니다.

③ 1 + 4 + 6
   (-1)(+1)
= 0 + 4 + 7
= 4 + 7
= 11

해설 1+4+6의 세 수의 덧셈은 5+6 또는 4+7의 두 수의 덧셈과 계산 결과가 같습니다.

---

2. 4 + 8 + 2

① 4 + 8 + 2
= 12 + 2
= 14

해설 4+8을 먼저 계산한 뒤 2를 더합니다.

② 4 + 8 + 2
= 4 + 10
= 14

해설 8+2를 먼저 계산하면 (몇)+10의 계산이 되므로 좀 더 쉽게 답을 구할 수 있습니다.

③ 4 + 8 + 2 = 2 + 2 + 8 + 2
   (2+2)
= 2 + 10 + 2
= 12 + 2
= 14

해설 4를 2와 2로 가르고, 10이 있는 세 수의 덧셈으로 바꿀 수 있습니다.
2+10+2에서 2와 2를 먼저 더하여 10+4로 계산할 수도 있습니다.

3. 5 + 7 + 3

① 5 + 7 + 3
= 12 + 3
= 15

해설 5+7을 먼저 계산한 뒤 3을 더합니다.

② 5 + 7 + 3
= 5 + 10
= 15

해설 7+3을 먼저 계산하면 (몇)+10으로 좀 더 쉽게 답을 구할 수 있습니다.

③ 5 + 7 + 3 = 2 + 3 + 7 + 3
   (2+3)
= 2 + 10 + 3
= 12 + 3
= 15

해설 5를 2와 3으로 가르고, 10이 있는 세 수의 덧셈으로 바꿀 수 있습니다.
2+10+3에서 2와 3을 먼저 더하여 10+5로 계산할 수도 있습니다.

2단계 ❷ 세 수의 덧셈 계산하기 유형4

유형4 양 끝 두 수의 합이 10인 세 수의 덧셈

세 수의 덧셈을 여러 가지 방법으로 계산하면서 어떤 방법이 제일 쉬운지 생각해 봅시다.

방법 ❶ 차례대로 계산하기
  6 + 6 + 4
= 12 + 4
= 16

방법 ❷ 더하기 쉬운 수부터 더하기
  6 + 6 + 4
= 10 + 6
= 16

방법 ❸ 계산하기 쉽게 수 바꾸기
  6 + 6 + 4 = 2 + 4 + 6 + 4
  (2+4)
= 2 + 10 + 4
= 12 + 4
= 16

◎ 계산해 보세요.

1. 7 + 6 + 3

① 7 + 6 + 3
= 13 + 3
= 16

해설 7+6은 7+3+3=10+3으로 계산할 수 있습니다.

② 7 + 6 + 3
= 10 + 6
= 16

해설 더하여 10이 되는 7+3의 계산을 먼저 하면, 10+(몇)의 쉬운 계산으로 바꿀 수 있습니다.

③ 7 + 6 + 3 = 3 + 4 + 6 + 3
   (3+4)
= 3 + 10 + 3
= 13 + 3
= 16

해설 7을 3과 4로 갈라서 10이 있는 세 수의 덧셈으로 바꿀 수 있습니다. 3+10+3에서 3+3을 먼저 계산하여 10+6으로 계산할 수도 있습니다.

2. 9 + 5 + 1

❶ 9 + 5 + 1
= [14] + 1
= [15]

해설 9+5는 9+1+4=10+4로 계산할 수 있습니다.

❷ 9 + 5 + 1
= [10] + 5
= [15]

해설 더하여 10이 되는 9+1의 계산을 먼저 하면, 10+(몇)의 쉬운 계산으로 바꿀 수 있습니다.

❸ 9 + 5 + 1 = [4] + 5 + 5 + 1
            (4+5)
            = [4] + [10] + 1
            = [14] + 1
            = [15]

해설 9를 4와 5로 갈라서 10이 있는 세 수의 덧셈으로 바꿀 수 있습니다. 4+10+1에서 4+1을 먼저 계산하여 10+5로 계산할 수도 있습니다.

3. 8 + 3 + 2

❶ 8 + 3 + 2
= [11] + 2
= [13]

해설 8+3은 8+2+1=10+1로 계산할 수 있습니다.

❷ 8 + 3 + 2
= [10] + 3
= [13]

해설 더하여 10이 되는 8+2의 계산을 먼저 하면, 10+(몇)의 쉬운 계산으로 바꿀 수 있습니다.

❸ 8 + 3 + 2 = [1] + 7 + 3 + 2
            (1+7)
            = [1] + [10] + 2
            = [11] + 2
            = [13]

해설 8을 1과 7로 갈라서 10이 있는 세 수의 덧셈으로 바꿀 수 있습니다. 1+10+2에서 1+2를 먼저 계산하여 10+3으로 계산할 수도 있습니다.

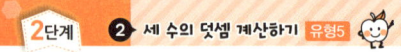

2단계 ❷ 세 수의 덧셈 계산하기 유형5

유형5 합이 10보다 크거나 같은 세 수의 덧셈

세 수의 덧셈을 여러 가지 방법으로 계산하면서 어떤 방법이 제일 쉬운지 생각해 봅시다.

방법 ❶ 차례대로 계산하기

  5 + 3 + 3
= [8] + 3
= [11]

방법 ❷ 더하기 쉬운 수부터 더하기

  5 + 3 + 3
= 5 + [6]
= [11]

방법 ❸ 계산하기 쉽게 수 바꾸기

5 + 3 + 3 = 5 + 3 + [2] + 1
            (2+1)
          = 5 + 5 + 1
          = 10 + 1
          = 11

◎ 계산해 보세요.

1. 4 + 5 + 3

❶ 4 + 5 + 3
= [9] + 3
= [12]

해설 9+3은 9+1+2=10+2로 계산할 수 있습니다.

❷ 4 + 5 + 3
= [7] + 5
= [12]

해설 4+3을 먼저 계산하면 7+5가 되고, 7+5=7+3+2=10+2로 계산할 수 있습니다.

❸ 4 + 5 + 3
  (4+1) (1-2)
= 5 + [5] + [2]
= [10] + [2]
= [12]

해설 4+5를 5+5로 계산하려면 4가 5로 바뀌면서 더해진 1을 3에서 똑같이 빼 주어야 합니다.

3단계 ❷ 세 수의 덧셈 계산하기
Calculation Master

2. 6 + 2 + 2

❶ 6 + 2 + 2
= [8] + 2
= [10]

해설 8과 2를 모으면 10이 됩니다.

❷ 6 + 2 + 2
= 6 + [4]
= [10]

해설 2+2를 먼저 계산하여 6과 4의 합을 구해도 똑같이 10이 됩니다.

❸ 6 + 2 + 2
  (1+2)
= 8 + [2] + [0]
= [10] + [0]
= [10]

해설 6+2를 8+2로 계산하려면 6이 8로 바뀌면서 더해진 2를 2에서 똑같이 빼 주어야 합니다.

3. 7 + 2 + 5

❶ 7 + 2 + 5
= [9] + 5
= [14]

해설 9+5는 9+1+4=10+4로 계산할 수 있습니다.

❷ 7 + 2 + 5
= 7 + [7]
= [14]

해설 2+5를 먼저 계산하면 7+7이 되고, 7+7=7+3+4=10+4로 계산할 수 있습니다.

❸ 7 + 2 + 5 = 7 + 2 + [1] + 4
            (1+4)
            = 7 + [3] + 4
            = [10] + 4
            = [14]

해설 5를 1과 4로 갈라서 7+2+5를 7+3+4로 바꾸면 10+4의 쉬운 계산을 할 수 있습니다.

◎ 계산해 보세요.

❶ 3 + 3 + 3 = [9]
해설 3+3을 계산하여 그 결과인 6에 3을 더하면 9가 됩니다.

❷ 2 + 5 + 1 = [8]
해설 2+5+1은 순서대로 7+1로 계산할 수도 있고 2와 1을 먼저 더하여 5+3으로 계산할 수도 있습니다.

❸ 1 + 7 + 1 = [9]
해설 앞에서부터 순서대로 더하면 8+1=9가 됩니다. 1과 1을 먼저 더하여 2+7로도 계산할 수 있습니다.

❹ 4 + 1 + 3 = [8]
해설 1과 3을 먼저 더하여 4+4로 계산하거나 4+1을 먼저 하여 5+3으로 계산할 수 있습니다.

❺ 5 + 3 + 1 = [9]
해설 5+3+1은 8+1 또는 5+4 또는 6+3으로 계산할 수 있습니다.

❻ 2 + 8 + 2 = [12]
해설 앞에서부터 순서대로 더하면 2+8=2=12가 됩니다. 8+2를 먼저 계산하면 2+10으로 계산할 수 있습니다.

❼ 1 + 9 + 3 = [13]
해설 1+9를 먼저 계산하면 10+3가 됩니다.

❽ 3 + 7 + 5 = [15]
해설 3+7을 먼저 계산하면 10+5가 됩니다.

❾ 4 + 6 + 3 = [13]
해설 4+6을 먼저 계산하면 10+3이 됩니다.

❿ 6 + 4 + 1 = [11]
해설 6+4를 먼저 계산하면 10+1이 됩니다.

⓫ 8 + 3 + 2 = [13]
해설 8+2를 먼저 계산하면 10+3이 됩니다.

⓬ 3 + 3 + 7 = [13]
해설 3+7을 먼저 계산하면 3+10이 됩니다.

3단계 ② 세 수의 덧셈 계산하기

⑬ 6 + 5 + 5 = 16
해설 5+5를 먼저 계산하면 6+10이 됩니다.

⑭ 8 + 9 + 1 = 18
해설 9+1을 먼저 계산하면 8+10이 됩니다.

⑮ 2 + 8 + 8 = 18
해설 2+8을 먼저 계산하면 10+8이 됩니다.

⑯ 5 + 7 + 5 = 17
해설 5+5를 먼저 계산하면 7+10이 됩니다.

⑰ 7 + 9 + 3 = 19
해설 7+3을 먼저 계산하면 10+9가 됩니다.

⑱ 8 + 5 + 2 = 15
해설 8+2를 먼저 계산하면 10+5가 됩니다.

⑲ 5 + 4 + 5 = 14
해설 5+5를 먼저 계산하면 10+4가 됩니다.

⑳ 7 + 2 + 3 = 12
해설 7+3을 먼저 계산하면 10+2가 됩니다.

㉑ 3 + 6 + 9 = 18
해설 3에 1을 더하고, 9에서 1을 빼면 4+6+8로 식을 바꿀 수 있습니다. 4+6+8=10+8로 계산할 수 있습니다.

㉒ 5 + 4 + 8 = 17
해설 8을 1과 7로 가르면, 5+4+1+7이 되고, 5+4+1=5+5=10이므로 10+7은 17입니다.

㉓ 9 + 3 + 5 = 17
해설 3은 1+2로 가르면 9+1+2+5 9+1은 10, 2+5는 7이므로 10+7=17입니다.

㉔ 7 + 6 + 5 = 18
해설 6을 1과 5로 가르면, 7+1+5+5가 됩니다. 7+1은 8, 5+5는 10이므로 8+10=18입니다.

3 (몇십 몇) + (몇) 계산하기

학습 목표

단계	학습 의도	구분	학습 주제	관련 교과
1단계	Basic Exercise (몇십 몇) + (몇)을 계산하는 여러 가지 방법을 배웁니다.	방법1	(몇십)+(몇)으로 계산하기	
		방법2	(몇)을 가르기하거나 (몇)-(몇)으로 바꾸기	
2단계	One Problem Multi Solution 1단계에서 배운 여러 가지 방법을 토대로 (몇십 몇) + (몇)의 여러 가지 유형을 계산합니다.	유형1	(몇십) + (몇)의 계산	〈1-2〉 3.덧셈과 뺄셈(1)
		유형2	받아올림이 없는 (몇십 몇) + (몇)의 계산	〈1-2〉 3.덧셈과 뺄셈(1)
		유형3	받아올림이 있는 (몇십 몇) + (몇)의 계산	〈1-2〉 3.덧셈과 뺄셈(1)
3단계	Calculation Master 앞에서 학습한 내용을 자유롭게 적용해 계산합니다.			

Basic Exercise
3 (몇십 몇) + (몇) 계산하기 1단계

Q1 ☐ 안에 알맞은 수를 써넣으세요.

방법 ① (몇십)+(몇)으로 계산하기

❶ 11 + 5 = 10 + 1 + 5
         10+1
       = 10 + 6
       = 16

❷ 28 + 3
    = 30 + 3 - 2
       ↓+2
    = 33 - 2
    = 31

❶ 13 + 1 = 10 + 3 + 1
          10+3
        = 10 + 4
        = 14

❸ 33 + 8
    = 40 + 8 - 7
       ↓+7
    = 48 - 7
    = 41
해설 33을 40으로 바꾸면 더해준 7만큼 똑같이 빼 주어야 합니다.

❷ 15 + 2 = 10 + 5 + 2
          10+5
        = 10 + 7
        = 17
해설 15를 10과 5로 갈라서 5+2를 먼저 계산하면 10+7=17입니다.

❹ 29 + 3
    = 30 + 3 - 1
       ↓+1
    = 33 - 1
    = 32
해설 29를 30으로 바꾸면 더해준 1만큼 똑같이 빼 주어야 합니다.

Q2 ☐ 안에 알맞은 수를 써넣으세요.

방법 ② (몇)을 가르기하거나 (몇)-(몇)으로 바꾸기

❶ 17 + 4 = 17 + 3 + 1
          3+1
        = 20 + 1
        = 21

❷ 13 + 6 = 13 + 7 - 1
          7-1
        = 20 - 1
        = 19

❶ 18 + 5 = 18 + 2 + 3
          2+3
        = 20 + 3
        = 23
해설 5를 2와 3으로 갈라서 18+2를 먼저 계산합니다.

❸ 12 + 7 = 12 + 8 - 1
          8-1
        = 20 - 1
        = 19
해설 7은 8-1로 나타낼 수 있습니다. 12에 8을 더해 주면 20이 되고 20보다 1 작은 수는 19입니다.

❷ 28 + 4 = 28 + 2 + 2
          2+2
        = 30 + 2
        = 32
해설 4를 2와 2로 갈라서 28+2를 먼저 계산합니다.

❹ 25 + 4 = 25 + 5 - 1
          5-1
        = 30 - 1
        = 29
해설 4는 5-1로 나타낼 수 있습니다. 25에 5를 더해 주면 30이 되고, 30보다 1 작은 수는 29입니다.

3. (몇십 몇) + (몇) 계산하기

유형1 (몇십) + (몇)의 계산

(몇십) + (몇)의 계산 원리를 살펴보고 문제를 풀어 봅시다.

(몇십)+(몇)을 세로셈으로 나타내어 살펴봅시다.

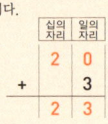

1. 일의 자리
   0과 3을 더합니다.
   0에 3을 더하면 3입니다.

2. 십의 자리
   2에 아무 수도 더하지 않습니다.
   그대로 2입니다.

따라서 정답은 23입니다.

20 + 3 = 23

◎ 계산해 보세요.

1. 10 + 5

❶ 세로셈으로 계산하기

```
   1 0
 +   5
 ─────
   1 5
```

해설 일의 자리: 0+5 = 5
     십의 자리: 1+0 = 1

❷ 가로셈으로 계산하기

1 0 + 5 = 1 5

해설 (몇십)+(몇)의 계산에서는 (몇십)의 일의 자리가 0이기 때문에, 십의 자리의 수는 (몇십)에서, 일의 자리의 수는 (몇)을 그대로 써주면 됩니다.

2. 30 + 6

❶ 세로셈으로 계산하기

```
   3 0
 +   6
 ─────
   3 6
```

해설 일의 자리: 0+6 = 6
     십의 자리: 1+0 = 3

❷ 가로셈으로 계산하기

3 0 + 6 = 3 6

해설 (몇십)+(몇)의 계산에서는 (몇십)의 일의 자리가 0이기 때문에, 십의 자리의 수는 (몇십)에서, 일의 자리의 수는 (몇)을 그대로 써주면 됩니다.

3. 40 + 7

❶ 세로셈으로 계산하기

```
   4 0
 +   7
 ─────
   4 7
```

해설 일의 자리: 0+7 = 7
     십의 자리: 4+0 = 4

❷ 가로셈으로 계산하기

4 0 + 7 = 4 7

해설 (몇십)+(몇)의 계산에서는 (몇십)의 일의 자리가 0이기 때문에, 십의 자리의 수는 (몇십)에서, 일의 자리의 수는 (몇)을 그대로 써주면 됩니다.

---

3. (몇십 몇) + (몇) 계산하기

유형2 받아올림이 없는 (몇십 몇) + (몇)의 계산

받아올림이 없는 (몇십 몇) + (몇)을 두 가지 방법으로 계산해 봅시다.

방법 ❶ [몇십]+[몇]으로 계산하기

11 + 8 = 10 + 1 + 8
      = 10 + 9
      = 19

방법 ❷ [몇]을 [몇] - [몇]으로 바꾸기

11 + 8 = 11 + 9 - 1
      = 20 - 1
      = 19

◎ 계산해 보세요.

1. 23 + 5

❶ 23 + 5 = 20 + 3 + 5
        = 20 + 8
        = 28

해설 20을 20과 3으로 가르고, 3+5를 먼저 계산합니다.

❷ 23 + 5 = 23 + 7 - 2
        = 30 - 2
        = 28

해설 5는 7-2로 나타낼 수 있습니다. 23에 7을 더해 주면 30이 되고, 30에서 2를 빼면 28이 됩니다.

2. 36 + 2

❶ 36 + 2 = 30 + 6 + 2
        = 30 + 8
        = 38

해설 36을 30과 6으로 가르고, 6+2를 먼저 계산합니다.

❷ 36 + 2 = 36 + 4 - 2
        = 40 - 2
        = 38

해설 2는 4-2로 나타낼 수 있습니다. 36에 4를 더해 주면 40이 되고, 40에서 2를 빼면 38이 됩니다.

3. 61 + 8

❶ 61 + 8 = 60 + 1 + 8
        = 60 + 9
        = 69

해설 61을 60과 1로 가르고, 1+8을 먼저 계산합니다.

❷ 61 + 8 = 61 + 9 - 1
        = 70 - 1
        = 69

해설 8은 9-1로 나타낼 수 있습니다. 61에 9를 더해 주면 70이 되고, 70에서 1을 빼면 69가 됩니다.

2단계 ③ (몇십 몇) + (몇) 계산하기 유형3

유형3 받아올림이 있는 (몇십 몇) + (몇)의 계산

받아올림이 있는 (몇십 몇) + (몇)을 두 가지 방법으로 계산해 봅시다.

방법 ❶ (몇십)+(몇)으로 계산하기

$$16 + 6$$
$$\downarrow^{1+4}$$
$$= 20 + 6 - 4$$
$$= 26 - 4$$
$$= 22$$

방법 ❷ (몇)을 가르기하여 계산하기

$$16 + 6 = 16 + 4 + 2$$
$$\downarrow^{4+2}$$
$$ = 20 + 2$$
$$ = 22$$

◎ 계산해 보세요.

1. 49 + 3

❶ 49 + 3
 = 50 + 3 − 1 (↓1+1)
 = 53 − 1
 = 52

해설 49를 50으로 바꾸면서 더해준 1만큼 빼 주어야 합니다.

❷ 49 + 3 = 49 + 1 + 2
 (↓1+2) = 50 + 2
 = 52

해설 3을 1과 2로 가르고 49+1을 먼저 계산합니다.

2. 58 + 7

❶ 58 + 7
 = 60 + 7 − 2 (↓2+2)
 = 67 − 2
 = 65

해설 58을 60으로 바꾸면서 더해 준 2만큼 빼 주어야 합니다.

❷ 58 + 7 = 58 + 2 + 5
 (↓2+5) = 60 + 5
 = 65

해설 7을 2와 5로 가르고 58+2를 먼저 계산합니다.

3. 79 + 2

❶ 79 + 2
 = 80 + 2 − 1 (↓1+1)
 = 82 − 1
 = 81

해설 79를 80으로 바꾸면서 더해준 1만큼 빼 주어야 합니다.

❷ 79 + 2 = 79 + 1 + 1
 (↓1+1) = 80 + 1
 = 81

해설 2를 1과 1로 가르고 79+1을 먼저 계산합니다.

3단계 ③ (몇십 몇) + (몇) 계산하기

Calculation Master

◎ 계산해 보세요.

❶ 50 + 1 = 51
해설 일의 자리: 0+1=1
십의 자리: 5+0=5

❷ 30 + 2 = 32
해설 일의 자리: 0+2=2
십의 자리: 3+0=3

❸ 60 + 4 = 64
해설 일의 자리: 0+4=4
십의 자리: 6+0=6

❹ 70 + 5 = 75
해설 일의 자리: 0+5=5
십의 자리: 7+0=7

❺ 20 + 6 = 26
해설 일의 자리: 0+6=6
십의 자리: 2+0=2

❻ 10 + 7 = 17
해설 일의 자리: 0+7=7
십의 자리: 1+0=1

❼ 40 + 8 = 48
해설 일의 자리: 0+8=8
십의 자리: 4+0=4

❽ 90 + 9 = 99
해설 일의 자리: 0+9=9
십의 자리: 9+0=9

❾ 17 + 1 = 18
해설 17+1=10+7+1에서 7+1은 8이므로
10+8=18

❿ 35 + 3 = 38
해설 일의 자리: 5+3=8
십의 자리: 3+0=3

⓫ 54 + 4 = 58
해설 일의 자리: 4+4=8
십의 자리: 5+0=5

⓬ 41 + 6 = 47
해설 41을 40으로 바꾸어주면, 나중에 1만큼 더 해야 합니다.
41+6=40+6+1
40+7=47

⓭ 81 + 7 = 88
해설 일의 자리: 1+7=8
십의 자리: 8+0=8

⓮ 92 + 5 = 97
해설 92+5는 90+7로 계산할 수 있습니다.

⓯ 44 + 2 = 46
해설 일의 자리: 4+2=6
십의 자리: 4+0=4

⓰ 62 + 6 = 68
해설 일의 자리: 2+6=8
십의 자리: 6+0=6

⓱ 19 + 2 = 21
해설 19+2=19+1+1
20+1=21

⓲ 58 + 3 = 61
해설 58+3=58+2+1
60+1=61

⓳ 88 + 5 = 93
해설 88+5=88+2+3
90+3=93

⓴ 79 + 6 = 85
해설 79를 80으로 바꾸면서 더해준 1만큼 빼 주어야 합니다.
79+6=80+6−1
80+5=85

㉑ 37 + 7 = 44
해설 37+7=37+3+4
40+4=44

㉒ 28 + 9 = 37
해설 28+9=27+10
27+10=30+7로 계산할 수도 있습니다.

㉓ 74 + 8 = 82
해설 74+8=74+6+2
80+2=82

㉔ 76 + 9 = 85
해설 76+9는 75+10으로 계산할 수 있습니다.

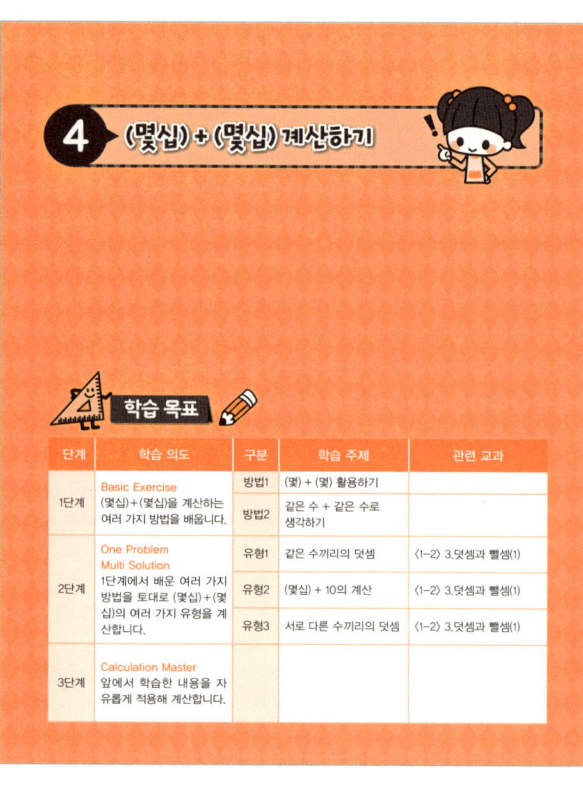
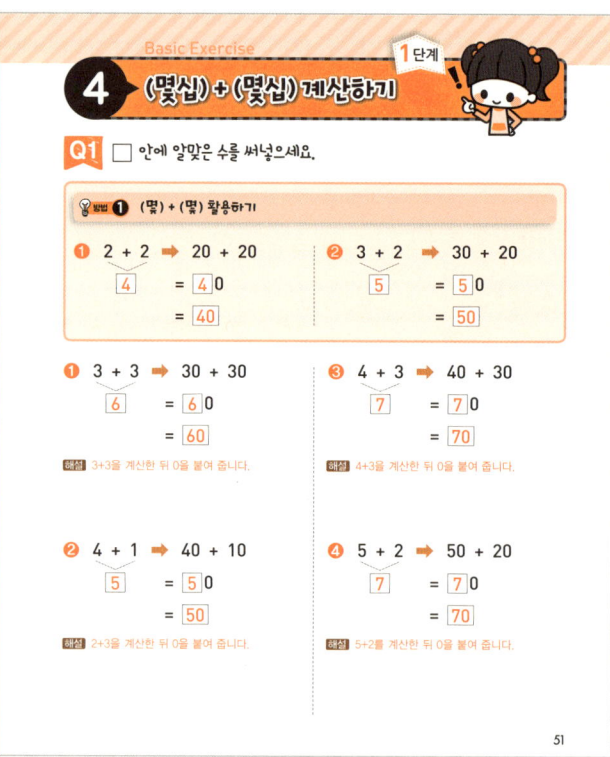

2단계 ④ (몇십) + (몇십) 계산하기 유형2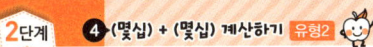

유형2 (몇십) + 10의 계산

(몇십)+10을 두 가지 방법으로 계산해 보고, 어떤 규칙이 있는지 생각해 봅시다.

방법 ❶ (몇) + (몇) 활용하기

4 + 1 ➡ 40 + 10
  5   = 50
      = 50

방법 ❷ 같은 수 + 같은 수로 생각하기

40 + 10 = 30 + 10 + 10
  30 + 10 = 30 + 20
           = 50

◎ 계산해 보세요.

1. 60 + 10

❶ 6 + 1 ➡ 60 + 10
    7   = 70
         = 70

해설 6+1을 계산한 값에 0을 붙여 줍니다.

❷ 60 + 10 = 50 + 10 + 10
  50 + 10 = 50 + 20
           = 70

해설 60을 50과 10으로 갈라서 10+10을 먼저 계산하고 50을 더해 줍니다.

2. 70 + 10

❶ 7 + 1 ➡ 70 + 10
    8   = 80
         = 80

해설 7+1을 계산한 값에 0을 붙여 줍니다.

❷ 70 + 10 = 60 + 10 + 10
  60 + 10 = 60 + 20
           = 80

해설 70을 60과 10으로 갈라서 10+10을 먼저 계산하고 60을 더해 줍니다.

3. 10 + 50

❶ 1 + 5 ➡ 10 + 50
    6   = 60
         = 60

해설 1+5를 계산한 값에 0을 붙여 줍니다.

❷ 10 + 50 = 10 + 10 + 40
  10 + 40 = 20 + 40
           = 60

해설 50을 10과 40으로 갈라서 10+10을 먼저 계산하고 40을 더해 줍니다.

2단계 ④ (몇십) + (몇십) 계산하기 유형3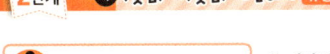

유형3 서로 다른 수끼리의 덧셈

더하는 수가 서로 다른 (몇십) + (몇십)을 두 가지 방법으로 계산해 봅시다.

방법 ❶ (몇) + (몇) 활용하기

4 + 2 ➡ 40 + 20
  6   = 60
      = 60

방법 ❷ 같은 수 + 같은 수로 생각하기

40 + 20 = 20 + 20 + 20
  20 + 20 = 40 + 40
           = 60

◎ 계산해 보세요.

1. 20 + 50

❶ 2 + 5 ➡ 20 + 50
    7   = 70
         = 70

해설 2+5를 계산한 값에 0을 붙여 줍니다.

❷ 20 + 50 = 20 + 20 + 30
  20 + 30 = 40 + 30
           = 70

해설 50을 20과 30으로 갈라서 20+20을 먼저 계산하고 30을 더해 줍니다.

2. 30 + 50

❶ 3 + 5 ➡ 30 + 50
    8   = 80
         = 80

해설 3+5를 계산한 값에 0을 붙여 줍니다.

❷ 30 + 50 = 30 + 30 + 20
  30 + 20 = 60 + 20
           = 80

해설 50을 30과 20으로 갈라서 30+30을 먼저 계산하고 20을 더해 줍니다.

3. 70 + 20

❶ 7 + 2 ➡ 70 + 20
    9   = 90
         = 90

해설 7+2를 계산한 값에 0을 붙여 줍니다.

❷ 70 + 20 = 50 + 20 + 20
  50 + 20 = 50 + 40
           = 90

해설 70을 50과 20으로 갈라서 20+20을 먼저 계산하고 50을 더해 줍니다.

Calculation Master

4 (몇십) + (몇십) 계산하기

3단계

◎ 계산해 보세요.

❶ 10 + 10 = 20

해설 1+1을 계산한 값에 0을 붙여 줍니다.

❷ 30 + 30 = 60

해설 3+3을 계산한 값에 0을 붙여 줍니다.

❸ 40 + 40 = 80

해설 4+4를 계산한 값에 0을 붙여 줍니다.

❹ 10 + 40 = 50

해설 1+4를 계산한 값에 0을 붙여 줍니다.

❺ 80 + 10 = 90

해설 8+1을 계산한 값에 0을 붙여 줍니다.

❻ 10 + 60 = 70

해설 1+6을 계산한 값에 0을 붙여 줍니다.

❼ 10 + 70 = 80

해설 1+7을 계산한 값에 0을 붙여 줍니다.

❽ 10 + 80 = 90

해설 1+8을 계산한 값에 0을 붙여 줍니다.

❾ 20 + 10 = 30

해설 2+1을 계산한 값에 0을 붙여 줍니다.

❿ 30 + 10 = 40

해설 3+1을 계산한 값에 0을 붙여 줍니다.

⓫ 50 + 10 = 60

해설 5+1을 계산한 값에 0을 붙여 줍니다.

⓬ 60 + 20 = 80

해설 60 + 20 = 40 + 20 + 20
40 + 40 = 80

⓭ 20 + 30 = 50

해설 2+3을 계산한 값에 0을 붙여 줍니다.

⓮ 20 + 50 = 70

해설 2+5을 계산한 값에 0을 붙여 줍니다.

⓯ 40 + 30 = 70

해설 40+40의 계산 결과인 80에서 10을 빼서 답을 구할 수도 있습니다.

⓰ 30 + 50 = 80

해설 3+5를 계산한 값에 0을 붙여 줍니다.

⓱ 20 + 40 = 60

해설 2+4를 계산한 값에 0을 붙여 줍니다.

⓲ 50 + 20 = 70

해설 5+2를 계산한 값에 0을 붙여 줍니다.

⓳ 50 + 30 = 80

해설 5+3을 계산한 값에 0을 붙여 줍니다.

⓴ 20 + 60 = 80

해설 2+6을 계산한 값에 0을 붙여 줍니다.

㉑ 20 + 70 = 90

해설 2+7을 계산한 값에 0을 붙여 줍니다.

㉒ 30 + 60 = 90

해설 3+6을 계산한 값에 0을 붙여 줍니다.

㉓ 40 + 50 = 90

해설 40 + 40 + 10
= 80 + 10
= 90

㉔ 50 + 40 = 90

해설 10 + 40 + 40
= 10 + 80
= 90

5 (몇십 몇) + (몇십 몇) 계산하기

학습 목표

단계	학습 의도	구분	학습 주제	관련 교과
1단계	Basic Exercise (몇십 몇)+(몇십 몇)을 계산하는 여러 가지 방법을 배웁니다.	방법1	십의 자리부터 계산하기	
		방법2	같은 수끼리의 덧셈 이용하기	
		방법3	수를 바꿔 덧셈하기	
		방법4	(몇십)으로 바꿔 계산하기	
2단계	One Problem Multi Solution 1단계에서 배운 여러 가지 방법을 토대로 (몇십 몇)+(몇십 몇)의 여러 가지 유형을 계산합니다.	유형1	(몇십 몇)+(몇십)의 계산(1)	〈1-2〉 3.덧셈과 뺄셈(1)
			(몇십 몇)+(몇십)의 계산(2)	
		유형2	(몇십 몇)+(몇십 몇)의 계산(1)	〈1-2〉 3.덧셈과 뺄셈(1)
			(몇십 몇)+(몇십 몇)의 계산(2)	
3단계	Calculation Master 앞에서 학습한 내용을 자유롭게 적용해 계산합니다.			

Basic Exercise

5 (몇십 몇) + (몇십 몇) 계산하기

1단계

Q1 □ 안에 알맞은 수를 써넣으세요.

방법 ❶ 십의 자리부터 계산하기

❶ 13 + 11

십의 자리	일의 자리
1 + 1 = 2	3 + 1 = 4

= 24

❷ 21 + 14

십의 자리	일의 자리
2 + 1 = 3	1 + 4 = 5

= 35

❶ 15 + 12

십의 자리	일의 자리
1 + 1 = 2	5 + 2 = 7

= 27

해설 십의 자리의 숫자끼리 더하여 십의 자리를 구하고 일의 자리의 숫자끼리 더하여 일의 자리를 구합니다.

❷ 17 + 11

십의 자리	일의 자리
1 + 1 = 2	7 + 1 = 8

= 28

해설 십의 자리의 숫자끼리 더하여 십의 자리를 구하고 일의 자리의 숫자끼리 더하여 일의 자리를 구합니다.

❸ 25 + 22

십의 자리	일의 자리
2 + 2 = 4	5 + 2 = 7

= 47

해설 십의 자리의 숫자끼리 더하여 십의 자리를 구하고 일의 자리의 숫자끼리 더하여 일의 자리를 구합니다.

❹ 27 + 31

십의 자리	일의 자리
2 + 3 = 5	7 + 1 = 8

= 58

해설 십의 자리의 숫자끼리 더하여 십의 자리를 구하고 일의 자리의 숫자끼리 더하여 일의 자리를 구합니다.

61

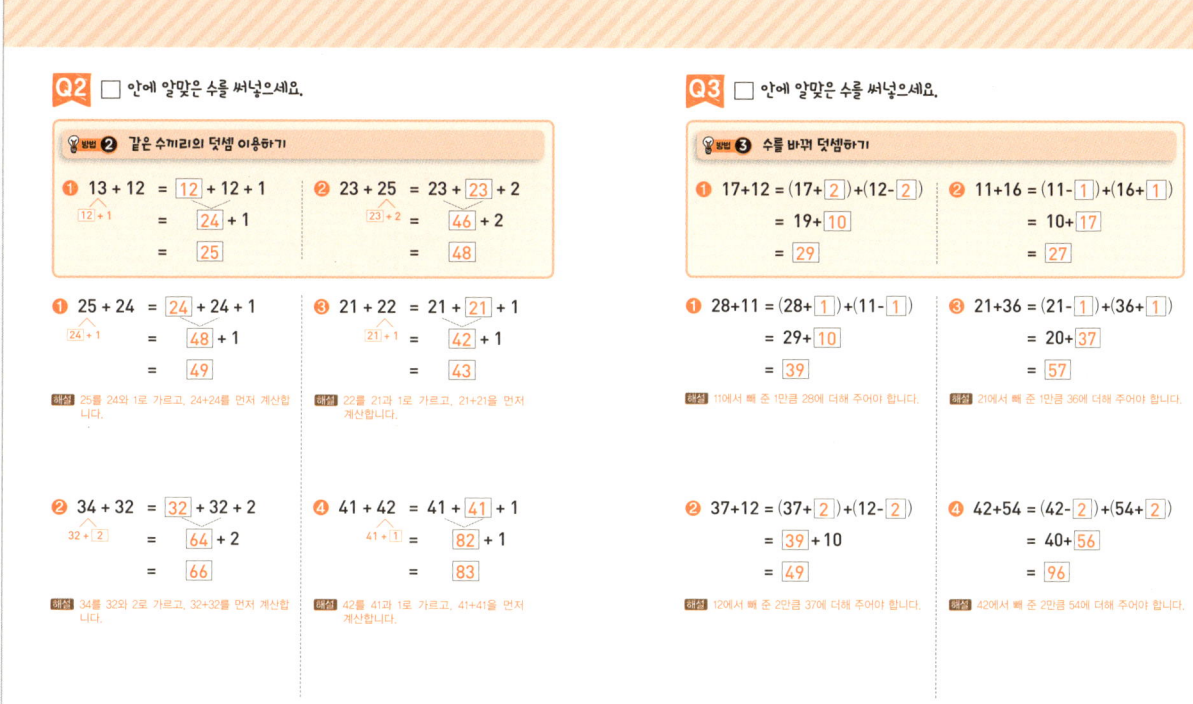

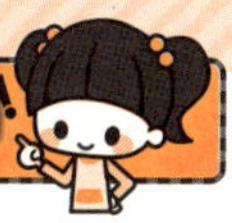

2. 63 + 20

❶ 63 + 20

십의 자리	일의 자리
6 + 2	3 + 0
8	3

= 83

해설 십의 자리의 숫자끼리 더하고, 일의 자리의 숫자끼리 더하여 답을 구합니다.

❷ 63 + 20 = 43 + 20 + 20
   43 + 20 = 43 + 40
            = 83

해설 63을 43과 20으로 갈라서 20+20을 계산한 뒤 43+40을 계산합니다.

3. 70 + 28

❶ 70 + 28

십의 자리	일의 자리
7 + 2	0 + 8
9	8

= 98

해설 십의 자리의 숫자끼리 더하고, 일의 자리의 숫자끼리 더하여 답을 구합니다.

❷ 70 + 28 = 78 + 20
   78 + 20 = 58 + 20 + 20
   58 + 20 = 58 + 40
            = 98

해설 78을 58과 20으로 갈라서 20+20을 계산한 뒤 58+40을 계산합니다.

2단계 ⑤ (몇십 몇) + (몇십 몇) 계산하기 유형1

유형1 (몇십 몇) + (몇십)의 계산 (2)

(몇십 몇) + (몇십)을 여러 가지 방법으로 계산해 봅시다.

방법 ❸ 수를 바꿔 덧셈하기

42 + 30 = 42 - 2 + 30 + 2
        = 40 + 30 + 2
        = 70 + 2
        = 72

방법 ❹ (몇십)으로 바꿔 계산하기

42 + 30 = 40 + 30 + 2
        = 70 + 2
        = 72

◎ 계산해 보세요.

1. 32 + 20

❶ 32 + 20 = 32 - 2 + 20 + 2
          = 30 + 20 + 2
          = 50 + 2
          = 52

해설 32에서 2를 뺀 준만큼 똑같이 더해 주어야 합니다.

❷ 32 + 20 = 30 + 20 + 2
          = 50 + 2
          = 52

해설 30과 20의 합에 2를 더하여 답을 구합니다.

---

2. 43 + 30

❶ 43 + 30 = 43 - 3 + 30 + 3
          = 40 + 30 + 3
          = 70 + 3
          = 73

해설 43에서 3을 뺀 준만큼 똑같이 더해 주어야 합니다.

❷ 43 + 30 = 40 + 30 + 3
          = 70 + 3
          = 73

해설 40과 30의 합에 3을 더하여 답을 구합니다.

3. 50 + 18

❶ 50 + 18 = 50 + 18 - 8 + 8
          = 50 + 10 + 8
          = 60 + 8
          = 68

해설 18에서 8을 뺀 준만큼 똑같이 더해 주어야 합니다.

❷ 50 + 18 = 50 + 10 + 8
          = 60 + 8
          = 68

해설 50과 10의 합에 8을 더하여 답을 구합니다.

2단계 ⑤ (몇십 몇) + (몇십 몇) 계산하기 유형2

유형2 (몇십 몇) + (몇십 몇)의 계산 (1)

(몇십 몇) + (몇십 몇)을 여러 가지 방법으로 계산해 봅시다.

방법 ❶ 십의 자리부터 계산하기

25 + 22

십의 자리	일의 자리
2 + 2	5 + 2
4	7

= 47

방법 ❷ 같은 수끼리의 덧셈 이용하기

25 + 22 = 22 + 22 + 3
22 + 3
        = 44 + 3
        = 47

◎ 계산해 보세요.

1. 44 + 43

❶ 44 + 43

십의 자리	일의 자리
4 + 4	4 + 3
8	7

= 87

해설 십의 자리의 숫자끼리 더하고 일의 자리의 숫자끼리 더합니다.

❷ 44 + 43 = 43 + 43 + 1
   43 + 1 = 86 + 1
           = 87

해설 44를 43과 1로 갈라서 43+43을 먼저 계산합니다.

2. 36 + 22

❶ 36 + 22

십의 자리	일의 자리
3 + 2	6 + 2
5	8

= 58

해설 십의 자리의 숫자끼리 더하고 일의 자리의 숫자끼리 더합니다.

❷ 36 + 22 = 14 + 22 + 22
  (14 + 22)
  = 14 + 44
  = 58

해설 36을 14와 22로 갈라서 22+22를 먼저 계산합니다.

3. 71 + 13

❶ 71 + 13

십의 자리	일의 자리
7 + 1	1 + 3
8	4

= 84

해설 십의 자리의 숫자끼리 더하고 일의 자리의 숫자끼리 더합니다.

❷ 71 + 13 = 73 + 11
  = 73 + 11 = 62 + 11 + 11
  (62 + 11)
  = 62 + 22
  = 84

해설 73을 62와 11로 갈라서 11+11을 먼저 계산합니다.

2단계 ❺ (몇십 몇) + (몇십 몇) 계산하기 유형2

유형2 (몇십 몇) + (몇십 몇)의 계산 (2)

(몇십 몇) + (몇십 몇)을 여러 가지 방법으로 계산해 봅시다.

방법 ❸ 수를 바꿔 덧셈하기

25 + 12 = 25 + 2 + 12 − 2
  = 27 + 10
  = 37

방법 ❹ (몇십)으로 바꿔 계산하기

25 + 12 = 20 + 10 + 5 + 2
  = 30 + 7
  = 37

◎ 계산해 보세요.

1. 34 + 52

❶ 34 + 52 = 34 + 2 + 52 − 2
  = 36 + 50
  = 86

해설 52를 50으로 바꾸기 위해 뺀 2만큼 34에 더해 주어야 합니다.

❷ 34 + 52 = 30 + 50 + 4 + 2
  = 80 + 6
  = 86

해설 30+50을 계산한 80과 4+2를 계산한 6을 더하여 답을 구합니다.

---

2. 26 + 23

❶ 26 + 23 = 26 + 3 + 23 − 3
  = 29 + 20
  = 49

해설 23을 20으로 바꾸기 위해 뺀 3만큼 26에 더해 주어야 합니다.

❷ 26 + 23 = 20 + 20 + 6 + 3
  = 40 + 9
  = 49

해설 20+20을 계산한 40과 6+3을 계산한 9를 더하여 답을 구합니다.

3. 61 + 14

❶ 61 + 14 = 61 − 1 + 14 + 1
  = 60 + 15
  = 75

해설 61을 60으로 바꾸기 위해 뺀 1만큼 14에 더해 주어야 합니다.

❷ 61 + 14 = 60 + 10 + 1 + 4
  = 70 + 5
  = 75

해설 60+10을 계산한 70과 1+4를 계산한 5를 더하여 답을 구합니다.

3단계 Calculation Master ❺ (몇십 몇) + (몇십 몇) 계산하기

◎ 계산해 보세요.

❶ 17 + 40 = 57
해설 십의 자리: 1 + 4 = 5
일의 자리: 7 + 0 = 7

❷ 26 + 50 = 76
해설 십의 자리: 2 + 5 = 7
일의 자리: 6 + 0 = 6

❸ 32 + 60 = 92
해설 십의 자리: 3 + 6 = 9
일의 자리: 2 + 0 = 2

❹ 45 + 10 = 55
해설 십의 자리: 4 + 1 = 5
일의 자리: 5 + 0 = 5

❺ 14 + 70 = 84
해설 십의 자리: 1 + 7 = 8
일의 자리: 4 + 0 = 4

❻ 19 + 30 = 49
해설 19에 1을 더하여 20으로 바꾸고, 1만큼 빼 줍니다.
19 + 30 = 20 + 30 − 1
50 − 1 = 49

❼ 28 + 20 = 48
해설 20+20과 8+0을 합하여 답을 구합니다.

❽ 31 + 40 = 71
해설 31 + 40 = 30 + 40 + 1
70 + 1 = 71

❾ 15 + 80 = 95
해설 10 + 80 + 5
= 90 + 5
= 95

❿ 58 + 20 = 78
해설 50 + 20 + 8
= 70 + 8
= 78

⓫ 29 + 40 = 69
해설 29에 1을 더하여 30으로 바꾸고 1을 빼 줍니다.
30 + 40 − 1
= 70 − 1 = 69

⓬ 37 + 60 = 97
해설 30 + 60 + 7
= 90 + 7
= 97

3단계 ⑤ (몇십 몇) + (몇십 몇) 계산하기

⑬ 22 + 41 = 63
해설 20 + 40 + 2 + 1
= 60 + 3
= 63

⑭ 37 + 11 = 48
해설 37 + 11
= 38 + 10
= 48

⑮ 43 + 51 = 94
해설 43 + 51
= 44 + 50
= 40 + 50 + 4
= 90 + 4 = 94

⑯ 28 + 61 = 89
해설 20 + 60 + 8 + 1
= 80 + 9
= 89

⑰ 35 + 42 = 77
해설 30 + 40 + 5 + 2
= 70 + 7
= 77

⑱ 42 + 56 = 98
해설 40 + 50 + 2 + 6
= 90 + 8
= 98

⑲ 21 + 51 = 72
해설 21 + 51
= 20 + 50 + 1 + 1
= 70+2
= 72

⑳ 46 + 23 = 69
해설 40 + 20 + 6 + 3
= 60 + 9
= 69

㉑ 28 + 41 = 69
해설 28 + 41
= 28 + 40 + 1
= 68 + 1
= 69

㉒ 37 + 52 = 89
해설 30 + 50+ 7 + 2
= 80 + 9
= 89

㉓ 62 + 16 = 78
해설 60 + 10 + 2 + 6
= 70 + 8
= 78

㉔ 85 + 12 = 97
해설 80 + 10 + 5 + 2
= 90 + 7
= 97

6 여러 가지 덧셈

학습 목표

단계	학습 의도	구분	학습 주제	관련 교과
1단계	Basic Exercise 덧셈을 계산하는 여러 가지 방법을 배웁니다.	방법1	그림 그리기	
		방법2	수 막대 이용하기	
		방법3	표 만들기	
		방법4	세로셈으로 풀기	
2단계	One Problem Multi Solution 1단계에서 배운 여러 가지 방법을 토대로 덧셈의 여러 가지 유형을 계산합니다.	유형1	화살표 방향으로 더하기(1)	〈1-2〉 5. 덧셈과 뺄셈(2)
			화살표 방향으로 더하기(2)	
		유형2	답이 같은 것끼리 짝짓기(1)	〈1-2〉 5. 덧셈과 뺄셈(2)
			답이 같은 것끼리 짝짓기(2)	
		유형3	수 배열에서 규칙 찾기	〈1-2〉 6. 규칙 찾기
		유형4	표에서 규칙 찾기	〈1-2〉 5. 덧셈과 뺄셈(2)
3단계	Calculation Master 앞에서 학습한 내용을 자유롭게 적용해 계산합니다.			

6 여러 가지 덧셈

Basic Exercise 1단계

Q1 알맞게 그림을 그리고 덧셈을 하세요.

방법 ❶ 그림 그리기

❶ 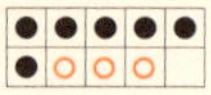 6 + 3 = 9

❷ 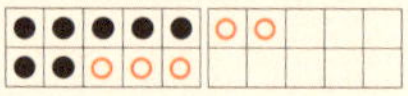 7 + 5 = 12

❶ 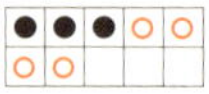 3 + 4 = 7
해설 ○을 4개 더 그려 보면 모두 7이 됩니다.

❸ 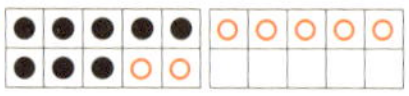 8 + 7 = 15
해설 ○을 7개 더 그려 보면 모두 15가 됩니다.

❷ 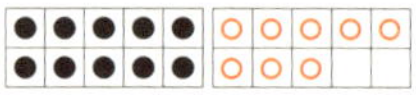 10 + 8 = 18
해설 ○을 8개 더 그려 보면 모두 18이 됩니다.

❹ 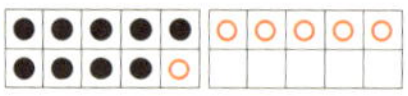 9 + 6 = 15
해설 ○을 6개 더 그려 보면 모두 15가 됩니다.

Q2 두 길이를 더하여 전체의 길이를 구하세요.

방법 ❷ 수 막대 이용하기

❶ 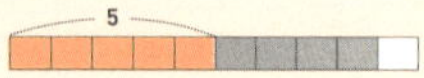 5 + 4 = 9

❷ 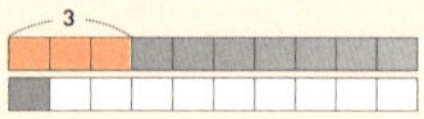 3 + 8 = 11

❶ 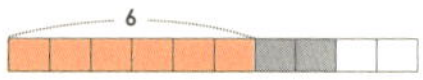 6 + 2 = 8
해설 수 막대를 2개 더 색칠하면 8이 됩니다.

❸ 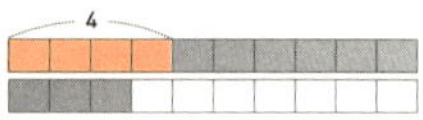 4 + 9 = 13
해설 4 + 9 = 4 + 6 + 3
= 10 + 3 = 13

❷ 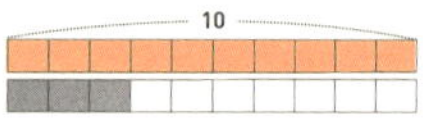 10 + 3 = 13
해설 수 막대를 3개 더 색칠하면 13이 됩니다.

❹ 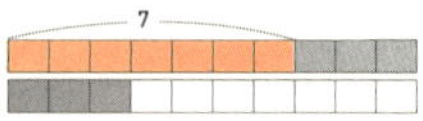 7 + 6 = 13
해설 7 + 6 = 7 + 3 + 3
= 10 + 3 = 13

Q3 표를 만들어 덧셈 문제를 해결하세요.

💡 방법 ❸ 표 만들기

❶ 5 + 5 = 10

+	3	4	5	6
5	8	9	10	11

❷ 7 + 4 = 11

+	2	3	4	5
7	9	10	11	12

❶ 4 + 3 = 7

+	1	2	3	4
4	5	6	7	8

해설 4에 더해지는 수가 1씩 커지면 계산 결과도 1씩 커집니다.

❸ 12 + 6 = 18

+	3	4	5	6
12	15	16	17	18

해설 12에 더해지는 수가 1씩 커지면 계산 결과도 1씩 커집니다.

❷ 8 + 2 = 10

+	1	2	3	4
8	9	10	11	12

해설 8에 더해지는 수가 1씩 커지면 계산 결과도 1씩 커집니다.

❹ 9 + 3 = 12

+	1	2	3	4
9	10	11	12	13

해설 9에 더해지는 수가 1씩 커지면 계산 결과도 1씩 커집니다.

Q4 세로셈으로 덧셈을 하세요.

💡 방법 ❹ 세로셈으로 풀기

❶   십 일
        1 3
   +   3
   ─────────
        1 6

❷   십 일
          9
   +   3   ① 3 < $^1_2$
   ─────────
        1 2   ② 9+3=10+ 2

❶   십 일
          5
   +   3
   ─────────
          8

해설 5 + 3 = 8

❸   십 일
          7
   +   5   ① 5 < $^3_2$
   ─────────
        1 2   ② 7+5=10+ 2

해설 7 + 5 = 7 + 3 + 2 = 10 + 2 = 12

❷   십 일
        1 1
   +   7
   ─────────
        1 8

해설 일의 자리: 1 + 7 = 8
  십의 자리: 1 + 0 = 1

❹   십 일
          8
   +   5   ① 5 < $^2_3$
   ─────────
        1 3   ② 8+5=10+ 3

해설 8 + 5 = 8 + 2 + 3 = 10 + 3 = 13

---

6 여러 가지 덧셈

One Problem Multi Solution — 2단계

유형1 화살표 방향으로 더하기 (1)

두 수를 여러 가지 방법으로 계산해 봅시다.

💡 방법 ❶ 그림 그리기

13 + 2 = 15

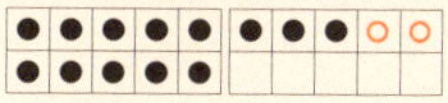

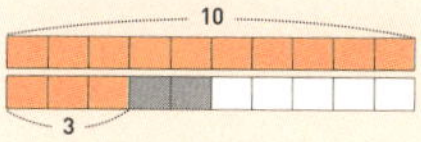

◎ 화살표 방향으로 주어진 덧셈을 계산해 보세요.

1. ❶ 8 + 6 = 14

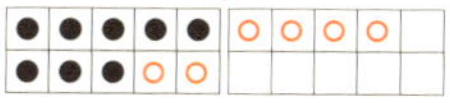

해설 ○을 6개 더 그려 넣고 답을 구합니다.

❷ 8 + 6 = 14

2. ❶ 12 + 7 = 19

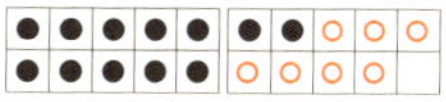

해설 ○을 7개 더 그려 넣고 답을 구합니다.

❷ 12 + 7 = 19

3. ❶ 7 + 3 = 10, + 5 = 15

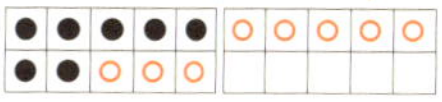

해설 ○을 3개 더 그려 넣고 7+3을 구한 뒤, ○을 5개 더 그려 넣고 10+5를 구합니다.

❷ 7 + 3 = 10, + 5 = 15

💡 방법 ❷ 수 막대 이용하기

13 + 2 = 15

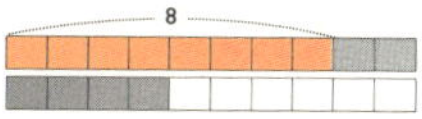

해설 수 막대를 6개 더 색칠하면 14가 됩니다.

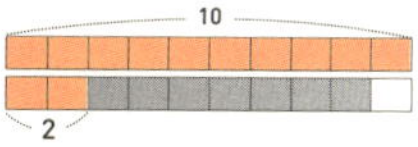

해설 7만큼 수 막대를 더 색칠하면 19가 됩니다.

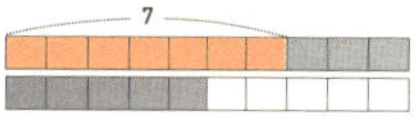

해설 3만큼 수 막대를 더 색칠하면 10이 되고, 거기서 5만큼 더 색칠하면 15가 됩니다.

215

6 여러 가지 덧셈

2단계 One Problem Multi Solution

유형1 화살표 방향으로 더하기(2)

두 수를 여러 가지 방법으로 계산해 봅시다.

방법 ③ 표 만들기

13 + 2 = 15

+	1	2	3	4
13	14	15	16	17

방법 ④ 세로셈으로 풀기

13 + 2 = 15

```
   십 일
    1 3
 +    2
 ─────
    1 5
```

◎ 화살표 방향으로 주어진 덧셈을 계산해 보세요.

1. ❶ 6 + 6 = 12

+	3	4	5	6
6	9	10	11	12

[해설] 6에 더해지는 수가 1씩 커지면 계산한 값도 1씩 커집니다.

❷ 6 + 6 = 12

```
   십 일
       6
 +     6
 ─────
    1 2
```
① 6 < 4/2
② 6+6=10+2

[해설] 6 + 6 = 4 + 2 + 6 = 10 + 2 = 12

2. ❶ 13 + 5 = 18

+	2	3	4	5
13	15	16	17	18

[해설] 13에 더해지는 수가 1씩 커지면 계산한 값도 1씩 커집니다.

❷ 13 + 5 = 18

```
   십 일
    1 3
 +    5
 ─────
    1 8
```

[해설] 일의 자리: 3 + 5 = 8
십의 자리: 1 + 0 = 1

3. ❶ 6 + 4 = 10, 10 + 5 = 15

+	2	3	4
6	8	9	10
+	3	4	5
10	13	14	15

[해설] 7에 더해지는 수가 1씩 커지면 계산한 값도 1씩 커집니다.

❷ 6 + 4 = 10, 10 + 5 = 15

```
   십 일       십 일
       6        1 0
 +     4   →  +   5
 ─────      ─────
    1 0        1 5
```

[해설] 6 + 4 = 10
10 + 5 = 15

2단계 6 여러 가지 덧셈 유형2

유형2 답이 같은 것끼리 짝짓기(1)

다양한 방법으로 계산 결과가 같은 것을 찾아봅시다.

방법 ❶ 그림 그리기

4 + 6 ─ 2 + 8 / 3 + 5

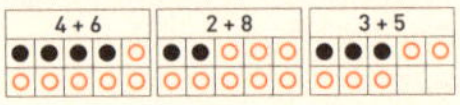

방법 ❷ 수 막대 이용하기

4 + 6 ─ 2 + 8 / 3 + 5

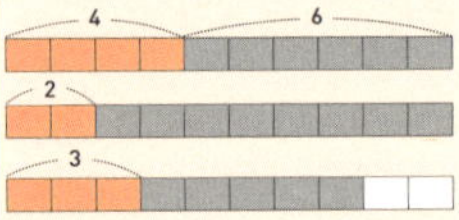

◎ 계산 결과가 같은 것을 찾아 선으로 연결해 보세요.

1. ❶ 9 + 4 ─ 8 + 3 / 7 + 6

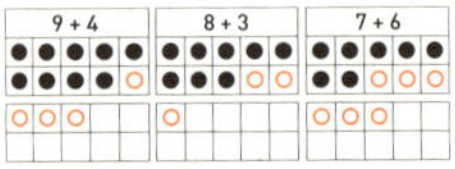

[해설] 계산 결과가 같은 것은 9+4와 7+6입니다.

❷ 9 + 4 ─ 8 + 3 / 7 + 6

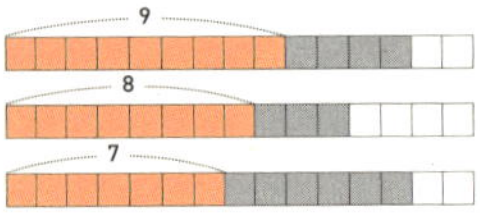

[해설] 계산 결과가 같은 것은 9+4와 7+6입니다.

2. ❶ 11 + 5 ─ 9 + 6 / 8 + 8

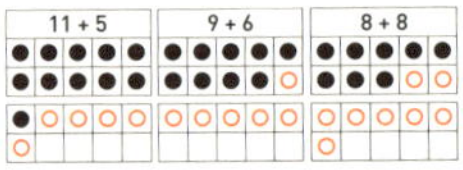

[해설] 계산 결과가 같은 것은 11+5와 8+8입니다.

❷ 11 + 5 ─ 9 + 6 / 8 + 8

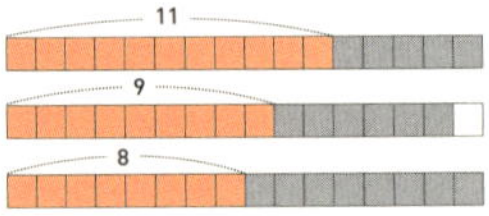

[해설] 계산 결과가 같은 것은 11+5와 8+8입니다.

3. ❶ 10 + 4 ─ 8 + 6 / 9 + 7

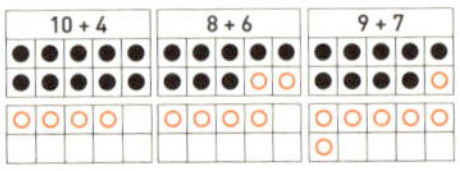

[해설] 계산 결과가 같은 것은 10+4와 8+6입니다.

❷ 10 + 4 ─ 8 + 6 / 9 + 7

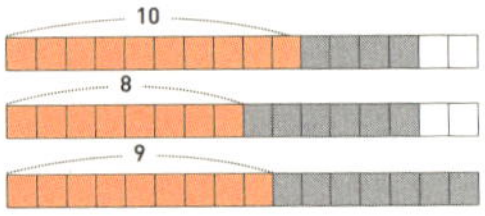

[해설] 계산 결과가 같은 것은 10+4와 8+6입니다.

2단계 ⑥ 여러 가지 덧셈 [유형2]

유형2 답이 같은 것끼리 짝짓기(2)
다양한 방법으로 계산 결과가 같은 것을 찾아봅시다.

방법 ③ 표 만들기

3 + 7   5 + 5 / 4 + 7

+	4	5	6	7
3	7	8	9	10
4	8	9	10	11
5	9	10	11	12

방법 ④ 세로셈으로 풀기

3 + 7   5 + 5 / 4 + 7

```
  십 일        십 일        십 일
     3           5           4
  +  7        +  5        +  7
  ─────       ─────       ─────
   1 0         1 0         1 1
```

◎ 계산 결과가 같은 것을 찾아 선으로 연결해 보세요.

1. ❶ 6 + 7   7 + 5 / 8 + 5

+	4	5	6	7
6	10	11	12	13
7	11	12	13	14
8	12	13	14	15

[해설] 계산 결과가 같은 것은 6+7과 8+5입니다.

❷ 6 + 7   7 + 5 / 8 + 5

```
  십 일        십 일        십 일
     6           7           8
  +  7        +  5        +  5
  ─────       ─────       ─────
   1 3         1 2         1 3
```
[해설] 계산 결과가 같은 것은 6+7과 8+5입니다.

2. ❶ 10 + 3   6 + 8 / 9 + 4

+	3	4	5	6
8	11	12	13	14
9	12	13	14	15
10	13	14	15	16

[해설] 계산 결과가 같은 것은 10+3과 9+4입니다.

❷ 10 + 3   6 + 8 / 9 + 4

```
  십 일        십 일        십 일
   1 0           9           6
  +  3        +  4        +  8
  ─────       ─────       ─────
   1 3         1 3         1 4
```
[해설] 계산 결과가 같은 것은 10+3과 9+4입니다.

3. ❶ 10 + 5   8 + 6 / 7 + 8

+	5	6	7
7	12	13	14
8	13	14	15
9	14	15	16
10	15	16	17

[해설] 계산 결과가 같은 것은 10+5와 7+8입니다.

❷ 10 + 5   8 + 6 / 7 + 8

```
  십 일        십 일        십 일
   1 0           8           7
  +  5        +  6        +  8
  ─────       ─────       ─────
   1 5         1 4         1 5
```
[해설] 계산 결과가 같은 것은 10+5와 7+8입니다.

2단계 ⑥ 여러 가지 덧셈 [유형3]

유형3 수 배열에서 규칙 찾기
일렬로 늘어진 수를 보고 여러 가지 방법으로 규칙을 찾아봅시다.

| 1 | 3 | 5 | 7 | 9 |

방법 ② 수 막대 이용하기
▶ 규칙 : 2씩 커지는 규칙

(수막대: 1, 3, 5, 7, 9)

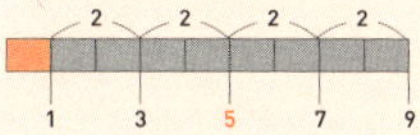

방법 ③ 표 만들기
▶ 규칙 : 2씩 커지는 규칙

+	2	2	2	2
1	3	5	7	9

방법 ④ 세로셈으로 풀기
▶ 규칙 : 2씩 커지는 규칙

```
 일      일      일      일
  1       1       5       7
+ 2     + 2     + 2     + 2
───     ───     ───     ───
  3       5       7       9
```

◎ 규칙을 찾아 설명하고, 빈칸에 알맞은 수를 써넣어 보세요.

1. | 3 | 6 | 9 | 12 |

❶ ▶ 규칙 : 3씩 커지는 규칙

(수막대: 3, 6, 9, 12)

[해설] 3+3=6
6+3=9
9+3=12

❷ ▶ 규칙 : 3씩 커지는 규칙

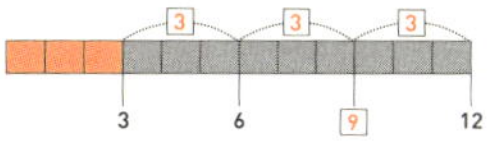

+	3	3	3
3	6	9	12

[해설] 3+3=6
6+3=9
9+3=12

❸ ▶ 규칙 : 3씩 커지는 규칙

```
 일      일      일
  3       6       9
+ 3     + 3     + 3
───     ───     ───
  6       9      1 2
```
[해설] 3+3=6
6+3=9
9+3=12

2. | 5 | 10 | 15 | 20 |

❶ ▶ 규칙 : 5씩 커지는 규칙

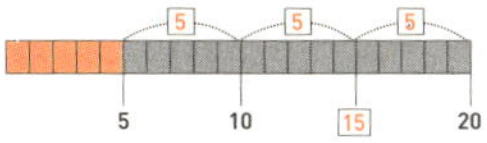

(수막대: 5, 10, 15, 20)

[해설] 5 + 5 = 10
10 + 5 = 15
15 + 5 = 20

❷ ▶ 규칙 : 5씩 커지는 규칙

+	5	5	5
5	10	15	20

[해설] 5 + 5 = 10
10 + 5 = 15
15 + 5 = 20

❸ ▶ 규칙 : 5씩 커지는 규칙

```
 십 일   십 일   십 일
    5     1 0     1 5
+   5   +   5   +   5
────    ────    ────
  1 0    1 5     2 0
```
[해설] 5 + 5 = 10
10 + 5 =15
15 + 5 = 20

3. | 0 | 10 | 20 | 30 |

❶ ▶ 규칙 : 10씩 커지는 규칙

(수막대: 0, 10, 20, 30)

[해설] 0 + 10 = 10
10 + 10 = 20
20 + 10 = 30

❷ ▶ 규칙 : 10씩 커지는 규칙

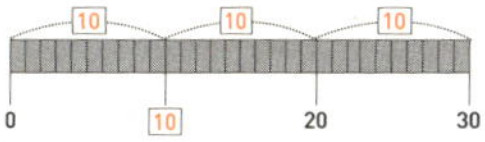

+	10	10	10
0	10	20	30

[해설] 0 + 10 = 10
10 + 10 = 20
20 + 10 = 30

❸ ▶ 규칙 : 10씩 커지는 규칙

```
 십 일   십 일   십 일
    0     1 0     2 0
+ 1 0   + 1 0   + 1 0
────    ────    ────
  1 0    2 0     3 0
```
[해설] 0 + 10 = 10
10 + 10 = 20
20 + 10 = 30

2단계 ⑥ 여러 가지 덧셈 유형4

유형4 표에서 규칙 찾기
표 안에 든 수를 보고 여러 가지 방법으로 규칙을 찾아 빈 칸 안에 들어갈 수를 알아봅시다.

1	2				6		8		
11	12			15				19	20

방법❷ 수 막대 이용하기

| 1 | 2 | | | | 6 | | 8 |

방법❸ 표 만들기

+	1	2	3	4	5	6	7
1	2		4	5	6		8

◎ 표의 규칙을 찾아 빈 칸에 알맞은 수를 써넣어 보세요.

1.

1		3	4				8		10
		12	13			17			

❶

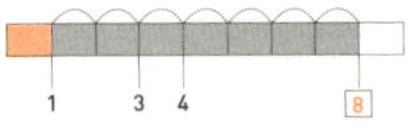

| 1 | 2 | 3 | 4 | | | | 8 |

해설 4보다 4칸을 더 가면 4+4=8입니다.

❷

+	1	2	3	4	5	6	7
1		3	4			8	10

해설 1 + 7 = 8입니다.

2.

11	12			15	17			20
	22	23				28		

❶

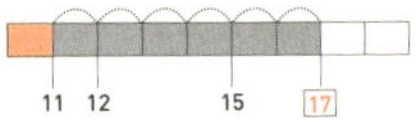

| | 11| 12| | | 15| | 17|

해설 15보다 2칸을 더 가면 15+2=17입니다.

❷

+	1	2	3	4	5	6	7
11	12						17

해설 11 + 6 = 17입니다.

3.

11		13			16	17		
21	22			25		27		29

❶

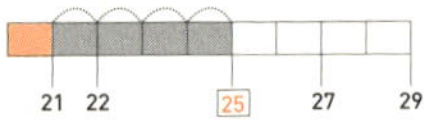

| | 21| | | | 25| | 27| | 29|

해설 22보다 3칸을 더 가면 22+3=25입니다.

❷

+	1	2	3	4	5	6
21	22			25		27

3단계 ⑥ 여러 가지 덧셈

Calculation Master ⑥ 여러 가지 덧셈

◎ 계산해 보세요.

❶ 6 + 6 → 12
해설 6 + 6 = 6 + 4 + 2
= 10 + 2 = 12

❷ 9 + 5 → 14
해설 9 + 5 = 10 + 4 = 14

❸ 11 + 8 → 19
해설 일의 자리: 1 + 8 = 9
십의 자리: 1 + 0 = 1

❹ 4 + 6 → 10 + 7 → 17
해설 4 + 6 = 10
10 + 7 = 17

❺ 6 + 8 → 14 + 2 → 16
해설 6 + 8 = 6 + 4 + 4 = 10 + 4 = 14
14 + 2 = 16

❻ 1 + 5 → 6 + 9 → 15
해설 1 + 5 = 6
6 + 9 = 5 + 1 + 9 = 5 + 10 = 15

❼ 7 + 9   11 + 3
   8 + 8
해설 7 + 9 = 6 + 1 + 9 = 6 + 10 = 16
11 + 3 = 14
8 + 8 = 8 + 2 + 6 = 10 + 6 = 16

❽ 11 + 6   7 + 9
           8 + 9
해설 11 + 6 = 17
7 + 9 = 6 + 1 + 9 = 6 + 10 = 16
8 + 9 = 7 + 1 + 9 = 7 + 10 = 17

❾ 13 + 5   10 + 6
           9 + 9
해설 13 + 5 = 18
10 + 6 = 16
9 + 9 = 9 + 1 + 8 = 10 + 8 = 18

❿ 3 + 7 + 5   11 + 4
               8 + 10
해설 3 + 7 + 5 = 10 + 5 = 15
11 + 4= 15
8 + 10 = 18

⓫ 5 + 3 + 5   6 + 7
               9 + 5
해설 5 + 3 + 5 =10 + 3 = 13
6 + 7 = 6 + 4 + 3 = 10 + 3 = 13
9 + 5 = 9 + 1 + 4 = 10 + 4 = 14

⓬ 9 + 6 + 4   3 + 5 + 7
               8 + 9 + 2
해설 9 + 6 + 4 = 9 + 10 = 19
3 + 5 + 7 = 10 + 5 = 15
8 + 9 + 2 = 10 + 9 = 19

⓭

| | 2 | | 4 | | 6 | | 8 |

▶ 규칙: 2씩 커지는 규칙
해설 2 + 2 = 4   4 + 2 = 6   6 + 2 = 8

⓮

| | 1 | | 4 | | 7 | | 10 |

▶ 규칙: 3씩 커지는 규칙
해설 1 + 3 = 4   4 + 3 = 7   7 + 3 = 10

⓯

| | 2 | | 6 | | 10| | 14|

▶ 규칙: 4씩 커지는 규칙
해설 2 + 4 = 6   6 + 4 = 10   10 + 4 = 14

⓰

| | 5 | 10| 15| 20| 25|

▶ 규칙: 5씩 커지는 규칙
해설 5 + 5 = 10   10 + 5 = 15   15 + 5 = 20
20 + 5 = 25

⓱

| | 10| 20| 30| 40| 50|

▶ 규칙: 10씩 커지는 규칙
해설 10 + 10 = 20   20 + 10 = 30
30 +10 = 40   40 + 10 = 50

⓲

| | 10| 30| 50| 70| 90|

▶ 규칙: 20씩 커지는 규칙
해설 10 + 20 = 30   30 + 20 = 50
50 + 20 = 70   70 + 20 = 90

⓳

1		3		5			8	9	10
	12	13				17			

해설 3 + 2 = 5

⓴

11	12	13					18		20
		23		25		27		29	

해설 13 + 5 = 18
25 + 2 = 27

㉑

21			24			27		29	
31	32			34			38		40

해설 27 + 2 = 29
32 + 2 = 34

㉒

21		23			26		28	29
31					35	36	37	

해설 21 + 2 = 23
29 + 2 = 31

㉓

41		43		45	46				50
	52		54			57	58		

해설 41 + 2 = 43
57 + 1 = 58

㉔

71	72			75			79		
		83		85			88		90

해설 72 + 3 = 75
88 + 2 = 90

7 덧셈식에서 ■의 값 구하기

학습 목표

단계	학습 의도	구분	학습 주제	관련 교과
1단계	Basic Exercise 덧셈식에서 ■를 구하는 여러 가지 방법을 배웁니다.	방법1	어림하여 덧셈하기	
		방법2	수 바꿔 생각하기	
		방법3	뺄셈식 이용하기	
2단계	One Problem Multi Solution 1단계에서 배운 여러 가지 방법을 토대로 ■를 구하는 덧셈식의 여러 가지 유형을 계산합니다.	유형1	덧셈식을 뺄셈식으로 나타내기	〈1-2〉 5. 덧셈과 뺄셈(2)
		유형2	■ + (몇) = (몇)	〈1-2〉 5. 덧셈과 뺄셈(2)
		유형3	(몇) + ■ = (몇)	〈1-2〉 5. 덧셈과 뺄셈(2)
		유형4	■ + (몇십 몇) = (몇십 몇)	〈1-2〉 5. 덧셈과 뺄셈(2)
		유형5	(몇십 몇) + ■ = (몇십 몇)	〈1-2〉 5. 덧셈과 뺄셈(2)
3단계	Calculation Master 앞에서 학습한 내용을 자유롭게 적용해 계산합니다.			

Basic Exercise — 1단계

7 덧셈식에서 ■의 값 구하기

Q1 덧셈식에서 ■에 알맞은 수를 구하세요.

방법 ❶ 어림하여 덧셈하기

❶ 3 + ■ = 5
① 3 + 1 = 4
② 3 + 2 = 5 ○
③ 3 + 3 = 6
■ = 2

❷ ■ + 13 = 16
① 1 + 13 = 14
② 2 + 13 = 15
③ 3 + 13 = 16 ○
■ = 3

❶ 5 + ■ = 6
① 5 + 1 = 6 ○
② 5 + 2 = 7
③ 5 + 3 = 8
■ = 1

❸ ■ + 4 = 11
① 5 + 4 = 9
② 6 + 4 = 10
③ 7 + 4 = 11 ○
■ = 7

해설 ■안에 1, 2, 3을 넣어 계산해 보면 5에 더하여 6이 되는 수는 1입니다.

해설 ■안에 5, 6, 7을 넣어 계산해 보면 4에 더하여 11이 되는 수는 7입니다.

❷ 14 + ■ = 16
① 14 + 1 = 15
② 14 + 2 = 16 ○
③ 14 + 3 = 17
■ = 2

❹ ■ + 7 = 18
① 10 + 7 = 17
② 11 + 7 = 18 ○
③ 12 + 7 = 19
■ = 11

해설 ■안에 1, 2, 3을 넣어 계산해 보면 14에 더하여 16이 되는 수는 2입니다.

해설 ■안에 10, 11, 12를 넣어 계산해 보면 7을 더하여 18이 되는 수는 11입니다.

Q2 □ 안에 알맞은 수를 써넣으세요.

방법 ❷ 수 바꿔 생각하기

❶ ■ + 3 = 9
　■ + 4 = 10 (↓+1, ↓+1)
　■ = 6

❷ 3 + ■ = 11
　2 + ■ = 10 (↓-1, ↓-1)
　■ = 8

❶ ■ + 3 = 7
　■ + 6 = 10 (↓+3, ↓+3)
　■ = 4

해설 7을 10으로 바꾸기 위해 3을 더하였으므로 ■에도 똑같이 3을 더해 주어야 합니다. 6과 더하여 10이 되는 수는 4입니다.

❸ 8 + ■ = 17
　1 + ■ = 10 (↓-7, ↓-7)
　■ = 9

해설 8을 1로 바꾸기 위해 7을 빼주었기 때문에 ■에서도 똑같이 7을 빼 주어야 합니다. 1과 더하여 10이 되는 수는 9입니다.

❷ ■ + 5 = 14
　■ + 1 = 10 (↓-4, ↓-4)
　■ = 9

해설 14를 10으로 바꾸기 위해 4를 빼었기 때문에 5에서도 똑같이 4를 빼 주어야 합니다. 1과 더하여 10이 되는 수는 9입니다.

❹ 12 + ■ = 18
　14 + ■ = 20 (↓+2, ↓+2)
　■ = 6

해설 18을 20으로 바꾸기 위해 2를 더해 주었기 때문에 12에서도 똑같이 2를 더해 주어야 합니다. 14에 더하여 20이 되는 수는 6입니다.

Q3 □ 안에 알맞은 수를 써넣으세요.

방법 ❸ 뺄셈식 이용하기

❶ 4 + ■ = 6
⇒ 6 - 4 = 2
　■ = 2

❷ ■ + 2 = 14
⇒ 14 - 2 = 12
　■ = 12

❶ 4 + ■ = 9
⇒ 9 - 4 = 5
　■ = 5

해설 4와 ■를 더해서 9가 되기 때문에 9에서 4를 빼면 ■의 값을 구할 수 있습니다.

❸ ■ + 2 = 9
⇒ 9 - 2 = 7
　■ = 7

해설 ■와 2를 더해서 9가 되기 때문에 9에서 2를 빼면 ■의 값을 구할 수 있습니다.

❷ 5 + ■ = 8
⇒ 8 - 5 = 3
　■ = 3

해설 5와 ■를 더해서 8이 되기 때문에 8에서 5를 빼면 ■의 값을 구할 수 있습니다.

❹ ■ + 4 = 14
⇒ 14 - 4 = 10
　■ = 10

해설 ■와 4를 더해서 14가 되기 때문에 14에서 4를 빼면 ■의 값을 구할 수 있습니다.

7. 덧셈식에서 ■의 값 구하기 (2단계)

유형1 덧셈식을 뺄셈식으로 나타내기

여러 가지 방법을 이용하여 ■를 구해 봅시다.

방법 ❶ 어림하여 덧셈하기

13 + ■ = 15

① 13 + 1 = 14
② 13 + 2 = 15 ○
③ 13 + 3 = 16

■ = 2

방법 ❷ 수 바꿔 생각하기

13 + ■ = 15
↓-3   ↓-3
10 + ■ = 12

■ = 2

방법 ❸ 뺄셈식 이용하기

13 + ■ = 15
⇒ 15 − 13 = 2

■ = 2

◎ 덧셈식을 두 가지 뺄셈식으로 나타내고 ■를 구해 보세요.

1. 5 + ■ = 9 ⇒ ① 9 − ■ = 5
　　　　　　　　② 9 − 5 = ■

❶ 5 + ■ = 9

① 5 + 3 = 8
② 5 + 4 = 9 ○
③ 5 + 5 = 10

■ = 4

해설 ■에 3, 4, 5를 넣어 계산해 보면 5와 더하여 9가 되는 값은 4입니다.

❷ 5 + ■ = 9
　↓+1   ↓+1
　6 + ■ = 10

■ = 4

해설 5+■=9를 6+■=10으로 바꾸고, 6과 모아서 10이 되는 수는 4입니다.

❸ 5 + ■ = 9
⇒ 9 − 5 = 4

■ = 4

해설 5와 ■를 더해서 9가 되기 때문에 9에서 5를 빼면 ■의 값을 구할 수 있습니다.

---

2. 11 + ■ = 16 ⇒ ① 16 − ■ = 11
　　　　　　　　　② 16 − 11 = ■

❶ 11 + ■ = 16

① 11 + 3 = 14
② 11 + 4 = 15
③ 11 + 5 = 16 ○

■ = 5

해설 ■에 3, 4, 5를 넣어 계산해 보면 11과 더하여 16이 되는 값은 5입니다.

❷ 11 + ■ = 16
　↓-1   ↓-1
　10 + ■ = 15

■ = 5

해설 11+■=16을 10+■=15로 바꾸고, 10에 더하여 15가 되는 수는 5입니다.

❸ 11 + ■ = 16
⇒ 16 − 11 = 5

■ = 5

해설 11과 ■를 더해서 16이 되기 때문에 16에서 11을 빼면 ■의 값을 구할 수 있습니다.

---

3. 13 + ■ = 19 ⇒ ① 19 − ■ = 13
　　　　　　　　　② 19 − 13 = ■

❶ 13 + ■ = 19

① 13 + 4 = 17
② 13 + 5 = 18
③ 13 + 6 = 19 ○

■ = 6

해설 ■에 4, 5, 6을 넣어 계산해 보면 13과 더하여 19가 되는 값은 6입니다.

❷ 13 + ■ = 19
　↓+1   ↓+1
　14 + ■ = 20

■ = 6

해설 13+■=19를 14+■=20으로 바꾸고, 14에 더하여 20이 되는 수는 6입니다.

❸ 13 + ■ = 19
⇒ 19 − 13 = 6

■ = 6

해설 13과 ■를 더해서 19가 되기 때문에 19에서 13을 빼면 ■의 값을 구할 수 있습니다.

---

7. 덧셈식에서 ■의 값 구하기 (2단계) 유형2

유형2 ■ + (몇) = (몇)

세 가지 방법을 이용하여 ■ 안에 들어갈 알맞은 수를 찾아봅시다.

방법 ❶ 어림하여 덧셈하기

■ + 2 = 8

① 4 + 2 = 6
② 5 + 2 = 7
③ 6 + 2 = 8 ○

■ = 6

방법 ❷ 수 바꿔 생각하기

■ + 2 = 8
↓-2   ↓-2
■ + 0 = 6

■ = 6

방법 ❸ 뺄셈식 이용하기

■ + 2 = 8
⇒ 8 − 2 = 6

■ = 6

◎ 덧셈식에서 ■를 구해 보세요.

1. ■ + 4 = 7

❶ ■ + 4 = 7

① 1 + 4 = 5
② 2 + 4 = 6
③ 3 + 4 = 7 ○

■ = 3

해설 ■에 1, 2, 3을 넣어 계산해 보면 4와 더하여 7이 되는 값은 3입니다.

❷ ■ + 4 = 7
　↓+3   ↓+3
　■ + 7 = 10

■ = 3

해설 ■+4=7을 ■+7=10으로 바꾸고, 7에 더하여 10이 되는 수는 3입니다.

❸ ■ + 4 = 7
⇒ 7 − 4 = 3

■ = 3

해설 ■와 4를 더해서 7이 되기 때문에 7에서 4를 빼면 ■의 값을 구할 수 있습니다.

---

2. ■ + 1 = 9

❶ ■ + 1 = 9

① 7 + 1 = 8
② 8 + 1 = 9 ○
③ 9 + 1 = 10

■ = 8

해설 ■에 7, 8, 9를 넣어 계산해 보면 1과 더하여 9가 되는 값은 8입니다.

❷ ■ + 1 = 9
　↓+1   ↓+1
　■ + 2 = 10

■ = 8

해설 ■+1=9를 ■+2=10으로 바꾸고, 2에 더하여 10이 되는 수는 8입니다.

❸ ■ + 1 = 9
⇒ 9 − 1 = 8

■ = 8

해설 ■와 1을 더해서 9가 되기 때문에 9에서 1을 빼면 ■의 값을 구할 수 있습니다.

---

3. ■ + 5 = 8

❶ ■ + 5 = 8

① 1 + 5 = 6
② 2 + 5 = 7
③ 3 + 5 = 8 ○

■ = 3

해설 ■에 1, 2, 3을 넣어 계산해 보면 5와 더하여 8이 되는 값은 3입니다.

❷ ■ + 5 = 8
　↓+2   ↓+2
　■ + 7 = 10

■ = 3

해설 ■+5=8을 ■+7=10으로 바꾸고, 7에 더하여 10이 되는 수는 3입니다.

❸ ■ + 5 = 8
⇒ 8 − 5 = 3

■ = 3

해설 ■와 5를 더해서 8이 되기 때문에 8에서 5를 빼면 ■의 값을 구할 수 있습니다.

2단계 ❼ 덧셈식에서 ■의 값 구하기 [유형3]

유형3 (몇) + ■ = (몇)

세 가지 방법을 이용하여 ■안에 들어갈 알맞은 수를 찾아봅시다.

방법 ❶ 어림하여 덧셈하기

3 + ■ = 6

① 3 + 1 = 4	
② 3 + 2 = 5	
③ 3 + 3 = 6	○

■ = 3

방법 ❷ 수 바꿔 생각하기

3 + ■ = 6
↓-3   ↓-3
0 + ■ = 3

■ = 3

방법 ❸ 뺄셈식 이용하기

3 + ■ = 6
⇒ 6 - 3 = 3

■ = 3

◎ 덧셈식에서 ■를 구해 보세요.

1. 4 + ■ = 8

❶ 4 + ■ = 8

① 4 + 3 = 7	
② 4 + 4 = 8	○
③ 4 + 5 = 9	

■ = 4

해설 ■에 3, 4, 5를 넣어 계산해 보면 4와 더하여 8이 되는 값은 4입니다.

❷ 4 + ■ = 8
  ↓+2 ↓+2
  6 + ■ = 10

■ = 4

해설 4+■=8을 6+■=10으로 바꾸고, 6에 더하여 10이 되는 수는 4입니다.

❸ 4 + ■ = 8
⇒ 8 - 4 = 4

■ = 4

해설 4와 ■를 더해서 8이 되기 때문에 8에서 4를 빼면 ■의 값을 구할 수 있습니다.

2. 3 + ■ = 9

❶ 3 + ■ = 9

① 3 + 5 = 8	
② 3 + 6 = 9	○
③ 3 + 7 = 10	

■ = 6

해설 ■에 5, 6, 7을 넣어 계산해 보면 3과 더하여 9가 되는 값은 6입니다.

❷ 3 + ■ = 9
  ↓+1 ↓+1
  4 + ■ = 10

■ = 6

해설 3+■=9을 4+■=10으로 바꾸고, 4에 더하여 10이 되는 수는 6입니다.

❸ 3 + ■ = 9
⇒ 9 - 3 = 6

■ = 6

해설 3과 ■를 더해서 9이 되기 때문에 9에서 3을 빼면 ■의 값을 구할 수 있습니다.

3. 2 + ■ = 7

❶ 2 + ■ = 7

① 2 + 5 = 7	○
② 2 + 6 = 8	
③ 2 + 7 = 9	

■ = 5

해설 ■에 5, 6, 7을 넣어 계산해 보면 2와 더하여 7이 되는 값은 5입니다.

❷ 2 + ■ = 7
  ↓+3 ↓+3
  5 + ■ = 10

■ = 5

해설 2+■=7을 5+■=10으로 바꾸고, 5에 더하여 10이 되는 수는 5입니다.

❸ 2 + ■ = 7
⇒ 7 - 2 = 5

■ = 5

해설 2와 ■를 더해서 7이 되기 때문에 7에서 2를 빼면 ■의 값을 구할 수 있습니다.

2단계 ❼ 덧셈식에서 ■의 값 구하기 [유형4]

유형4 ■ + (몇십 몇) = (몇십 몇)

세 가지 방법을 이용하여 ■안에 들어갈 알맞은 수를 찾아봅시다.

방법 ❶ 어림하여 덧셈하기

■ + 11 = 13

① 1 + 11 = 12	
② 2 + 11 = 13	○
③ 3 + 11 = 14	

■ = 2

방법 ❷ 수 바꿔 생각하기

■ + 11 = 13
↓-1   ↓-1
■ + 10 = 12

■ = 2

방법 ❸ 뺄셈식 이용하기

■ + 11 = 13
⇒ 13 - 11 = 2

■ = 2

◎ 덧셈식에서 ■를 구해 보세요.

1. ■ + 12 = 19

❶ ■ + 12 = 19

① 5 + 12 = 17	
② 6 + 12 = 18	
③ 7 + 12 = 19	○

■ = 7

해설 ■에 5, 6, 7을 넣어 계산해 보면 12와 더하여 19가 되는 값은 7입니다.

❷ ■ + 12 = 19
  ↓-2 ↓-2
  ■ + 10 = 17

■ = 7

해설 ■+12=19을 ■+10=17로 바꾸고, 10에 더하여 17이 되는 수는 7입니다.

❸ ■ + 12 = 19
⇒ 19 - 12 = 7

■ = 7

해설 ■와 12를 더해서 19가 되기 때문에 19에서 12를 빼면 ■의 값을 구할 수 있습니다.

2. ■ + 14 = 24

❶ ■ + 14 = 24

① 10 + 14 = 24	○
② 11 + 14 = 25	
③ 12 + 14 = 26	

■ = 10

해설 ■에 10, 11, 12를 넣어 계산해 보면 14와 더하여 24가 되는 값은 10입니다.

❷ ■ + 14 = 24
  ↓-4 ↓-4
  ■ + 10 = 20

■ = 10

해설 ■+14=24를 ■+10=20으로 바꾸고, 10에 더하여 20이 되는 수는 10입니다.

❸ ■ + 14 = 24
⇒ 24 - 14 = 10

■ = 10

해설 ■와 14를 더해서 24가 되기 때문에 24에서 14를 빼면 ■의 값을 구할 수 있습니다.

3. ■ + 11 = 25

❶ ■ + 11 = 25

① 13 + 11 = 24	
② 14 + 11 = 25	○
③ 15 + 11 = 26	

■ = 14

해설 ■에 13, 14, 15를 넣어 계산해 보면 11과 더하여 25가 되는 값은 14입니다.

❷ ■ + 11 = 25
  ↓-1 ↓-1
  ■ + 10 = 24

■ = 14

해설 ■+11=25를 ■+10=24로 바꾸고, 10에 더하여 24가 되는 수는 14입니다.

❸ ■ + 11 = 25
⇒ 25 - 11 = 14

■ = 14

해설 ■와 11을 더해서 25가 되기 때문에 25에서 11을 빼면 ■의 값을 구할 수 있습니다.

2단계 ⑦ 덧셈식에서 ■의 값 구하기 유형5

유형5 (몇십 몇) + ■ = (몇십 몇)

세 가지 방법을 이용하여 ■안에 들어갈 알맞은 수를 찾아봅시다.

방법 ① 어림하여 덧셈하기

15 + ■ = 18

| ① 15 + 1 = 16 |
| ② 15 + 2 = 17 |
| ③ 15 + 3 = 18 ○ |

■ = 3

방법 ② 수 바꿔 생각하기

15 + ■ = 18
↓+2   ↓+2
17 + ■ = 20

■ = 3

방법 ③ 뺄셈식 이용하기

15 + ■ = 18
⇒ 18 − 15 = 3

■ = 3

◎ 덧셈식에서 ■를 구해 보세요.

1. 16 + ■ = 19

❶ 16 + ■ = 19

| ① 16 + 1 = 17 |
| ② 16 + 2 = 18 |
| ③ 16 + 3 = 19 ○ |

■ = 3

해설 ■에 1, 2, 3을 넣어 계산해 보면 16에 더하여 19가 되는 수는 3입니다.

❷ 16 + ■ = 19
   ↓+1   ↓+1
   17 + ■ = 20

■ = 3

해설 16+■=19를 17+■=20으로 바꾸고, 17에 더하여 20이 되는 수는 3입니다.

❸ 16 + ■ = 19
⇒ 19 − 16 = 3

■ = 3

해설 16과 ■를 더해서 19가 되기 때문에 19에서 16을 빼면 ■의 값을 구할 수 있습니다.

2. 23 + ■ = 28

❶ 23 + ■ = 28

| ① 23 + 3 = 26 |
| ② 23 + 4 = 27 |
| ③ 23 + 5 = 28 ○ |

■ = 5

해설 ■에 3, 4, 5를 넣어 계산해 보면 23에 더하여 28이 되는 값은 5입니다.

❷ 23 + ■ = 28
   ↓+2   ↓+2
   25 + ■ = 30

■ = 5

해설 23+■=28를 25+■=30으로 바꾸고, 25에 더하여 30이 되는 수는 5입니다.

❸ 23 + ■ = 28
⇒ 28 − 23 = 5

■ = 5

해설 23과 ■를 더해서 28이 되기 때문에 28에서 23을 빼면 ■의 값을 구할 수 있습니다.

3. 62 + ■ = 73

❶ 62 + ■ = 73

| ① 62 + 10 = 72 |
| ② 62 + 11 = 73 ○ |
| ③ 62 + 12 = 74 |

■ = 11

해설 ■에 10, 11, 12를 넣어 계산해 보면 62에 더하여 73이 되는 값은 11입니다.

❷ 62 + ■ = 73
   ↓−2   ↓−2
   60 + ■ = 71

■ = 11

해설 62+■=73을 60+■=71로 바꾸고, 60에 더하여 71이 되는 수는 11입니다.

❸ 62 + ■ = 73
⇒ 73 − 62 = 11

■ = 11

해설 62와 ■를 더해서 73이 되기 때문에 73에서 62를 빼면 ■의 값을 구할 수 있습니다.

---

7 덧셈식에서 ■의 값 구하기

3단계

◎ 덧셈식을 뺄셈식으로 바꾸고, ■를 구해 보세요.

❶ 2 + ■ = 8   ⇒ ① 8 − 2 = 6   ② 8 − ■ = 2
   ■ = 6
해설 8 − 2 = 6이므로 ■ = 6

❷ 6 + ■ = 7   ⇒ ① 7 − 6 = 1   ② 7 − ■ = 6
   ■ = 1
해설 7 − 6 = 1이므로 ■ = 1

❸ 6 + ■ = 10 ⇒ ① 10 − 6 = 4   ② 10 − ■ = 6
   ■ = 4
해설 10 − 6 = 4이므로 ■ = 4

❹ 10 + ■ = 13 ⇒ ① 13 − 10 = 3 ② 13 − ■ = 10
   ■ = 3
해설 13 − 10 = 3이므로 ■ = 3

❺ 12 + ■ = 16 ⇒ ① 16 − 12 = 4 ② 16 − ■ = 12
   ■ = 4
해설 16 − 12 = 4이므로 ■ = 4

❻ 14 + ■ = 17 ⇒ ① 17 − 14 = 3 ② 17 − ■ = 14
   ■ = 3
해설 17 − 14 = 3이므로 ■ = 3

❼ ■ + 1 = 2
   ■ = 1
해설 ■의 값은 2 − 1 = 1

❽ ■ + 3 = 5
   ■ = 2
해설 ■의 값은 5 − 3 = 2

❾ ■ + 1 = 8
   ■ = 7
해설 ■의 값은 8 − 1 = 7

❿ 5 + ■ = 7
   ■ = 2
해설 ■의 값은 7 − 5 = 2

⓫ 6 + ■ = 9
   ■ = 3
해설 ■의 값은 9 − 6 = 3

⓬ 3 + ■ = 7
   ■ = 4
해설 ■의 값은 7 − 3 = 4

⓭ ■ + 12 = 15
   ■ = 3
해설 ■의 값은 15 − 12 = 3

⓮ ■ + 13 = 19
   ■ = 6
해설 ■+13=19를 ■+14=20으로 바꾸면 ■ = 6

⓯ ■ + 17 = 27
   ■ = 10
해설 ■+17=27을 ■+20=30으로 바꾸면 ■ = 10

⓰ ■ + 10 = 19
   ■ = 9
해설 ■의 값은 19 − 10 = 9

⓱ ■ + 12 = 27
   ■ = 15
해설 ■+12=27을 ■+10=25로 바꾸면 ■ = 15

⓲ ■ + 17 = 20
   ■ = 3
해설 ■의 값은 20 − 17 = 3

⓳ 15 + ■ = 28
   ■ = 13
해설 ■의 값은 28 − 15 = 13

⓴ 15 + ■ = 17
   ■ = 2
해설 ■의 값은 17 − 15 = 2

㉑ 18 + ■ = 29
   ■ = 11
해설 18+■=29를 19+■=30으로 바꾸면 ■ = 11

㉒ 31 + ■ = 46
   ■ = 15
해설 31+■=46을 30+■=45로 바꾸면 ■ = 45 − 30 = 15

㉓ 27 + ■ = 48
   ■ = 21
해설 ■의 값은 48 − 27 = 21

㉔ 36 + ■ = 48
   ■ = 12
해설 ■의 값은 48 − 36 = 12

뺄셈

① (몇) - (몇) 계산하기
② 세 수의 뺄셈 계산하기
③ (몇십 몇) - (몇) 계산하기
④ (몇십) - (몇십) 계산하기
⑤ (몇십 몇) - (몇십 몇) 계산하기
⑥ 여러 가지 뺄셈
⑦ 뺄셈식에서 ■의 값 구하기

① (몇) - (몇) 계산하기

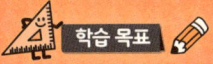 학습 목표

단계	학습 의도	구분	학습 주제	관련 교과
1단계	Basic Exercise (몇) - (몇)을 계산하는 여러 가지 방법을 배웁니다.	방법1	덧셈과의 관계 이용하기	
		방법2	10 - (몇)으로 바꾸기	
2단계	One Problem Multi Solution 1단계에서 배운 여러 가지 방법을 토대로 (몇) - (몇)의 여러 가지 유형을 계산합니다.	유형1	같은 수끼리의 뺄셈	〈1-1〉 3.덧셈과 뺄셈
		유형2	어떤 수에서 0을 빼기	〈1-1〉 3.덧셈과 뺄셈
		유형3	두 수의 차 구하기	〈1-1〉 3.덧셈과 뺄셈
3단계	Calculation Master 앞에서 학습한 내용을 자유롭게 적용해 계산합니다.			

Basic Exercise **1단계**

1 (몇) - (몇) 계산하기

Q1 ☐ 안에 알맞은 수를 써넣으세요.

방법 ① 덧셈과의 관계 이용하기

① 2 - 1 = ■
⇒ 2 = ■ + 1
   ↑1+1
■ = $\boxed{1}$

② 5 - 2 = ■
⇒ 5 = ■ + 2
   ↑3+2
■ = $\boxed{3}$

---

① 3 - 1 = ■
⇒ 3 = ■ + 1
   ↑2+1
■ = $\boxed{2}$

해설 1과 더하여 3이 되는 수는 2입니다.

② 4 - 2 = ■
⇒ 4 = ■ + 2
   ↑2+2
■ = $\boxed{2}$

해설 2와 더하여 4가 되는 수는 2입니다.

③ 6 - 2 = ■
⇒ 6 = ■ + 2
   ↑4+2
■ = $\boxed{4}$

해설 2와 더하여 6이 되는 수는 4입니다.

④ 7 - 2 = ■
⇒ 7 = ■ + 2
   ↑5+2
■ = $\boxed{5}$

해설 2와 더하여 7이 되는 수는 5입니다.

Q2 ☐ 안에 알맞은 수를 써넣으세요.

방법 ② 10 - (몇)으로 바꾸기

① 8 - 2 = ■
  ↓+2 ↓+2
  10 - 4 = ■
■ = $\boxed{6}$

② 9 - 1 = ■
  ↓+1 ↓+1
  10 - 2 = ■
■ = $\boxed{8}$

---

① 6 - 1 = ■
  ↓+4 ↓+4
  10 - 5 = ■
■ = $\boxed{5}$

해설 6-1을 10-5로 바꾸면 ■ = 5입니다.

③ 9 - 3 = ■
  ↓+1 ↓+1
  10 - 4 = ■
■ = $\boxed{6}$

해설 9-3을 10-4로 바꾸면 ■ = 6입니다.

② 5 - 3 = ■
  ↓+5 ↓+5
  10 - 8 = ■
■ = $\boxed{2}$

해설 5-3을 10-8로 바꾸면 ■ = 2입니다.

④ 8 - 5 = ■
  ↓+2 ↓+2
  10 - 7 = ■
■ = $\boxed{3}$

해설 8-5를 10-7로 바꾸면 ■ = 3입니다.

1 (몇) - (몇) 계산하기

유형1 같은 수끼리의 뺄셈

같은 수끼리의 빼는 계산을 두 가지 방법으로 해결해 봅시다.

방법 ① 덧셈과의 관계 이용하기

$2 - 2 = \blacksquare$
$\Rightarrow 2 = \blacksquare + 2$
   (0 + 2)
$\blacksquare = 0$

방법 ② 10 - (몇)으로 바꾸기

$2 - 2 = \blacksquare$
      ↓+8 ↓+8
$\Rightarrow 10 - 10 = \blacksquare$
$\blacksquare = 0$

※ 같은 수끼리 빼면 항상 어떤 수가 됩니까? **0**

◎ 계산해 보세요.

1. 7 - 7

① $7 - 7 = \blacksquare$
$\Rightarrow 7 = \blacksquare + 7$
   (0 + 7)
$\blacksquare = \boxed{0}$

해설 7에 어떤 수를 더하여 자기 자신인 7이 나오는 수는 0입니다.

② $7 - 7 = \blacksquare$
      ↓+3 ↓+3
$\Rightarrow \boxed{10} - \boxed{10} = \blacksquare$
$\blacksquare = \boxed{0}$

해설 7-7은 10-10과 계산 결과가 같습니다.

2. 8 - 8

① $8 - 8 = \blacksquare$
$\Rightarrow 8 = \blacksquare + 8$
   (0 + 8)
$\blacksquare = \boxed{0}$

해설 8에 어떤 수를 더하여 자기 자신인 8이 나오는 수는 0입니다.

② $8 - 8 = \blacksquare$
      ↓+2 ↓+2
$\Rightarrow \boxed{10} - \boxed{10} = \blacksquare$
$\blacksquare = \boxed{0}$

해설 8-8은 10-10과 계산 결과가 같습니다.

3. 5 - 5

① $5 - 5 = \blacksquare$
$\Rightarrow 5 = \blacksquare + 5$
   (0 + 5)
$\blacksquare = \boxed{0}$

해설 5에 어떤 수를 더하여 자기 자신인 5가 나오는 수는 0입니다.

② $5 - 5 = \blacksquare$
      ↓+5 ↓+5
$\Rightarrow \boxed{10} - \boxed{10} = \blacksquare$
$\blacksquare = \boxed{0}$

해설 5-5는 10-10과 계산 결과가 같습니다.

2단계 ① (몇) - (몇) 계산하기 유형2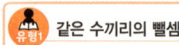

유형2 어떤 수에서 0을 빼기

어떤 수에서 0을 빼는 계산을 두 가지 방법으로 해결해 보고, 어떤 결과가 나오는지 살펴봅시다.

방법 ① 덧셈과의 관계 이용하기

$2 - 0 = \blacksquare$
$\Rightarrow 2 = \blacksquare + 0$
   (2 + 0)
$\blacksquare = 2$

방법 ② 10 - (몇)으로 바꾸기

$2 - 0 = \blacksquare$
      ↓+8 ↓+8
$10 - 8 = \blacksquare$
$\blacksquare = 2$

※ 어떤 수에서 0을 빼면 그 값이
① 달라집니다.
② 달라지지 않습니다. **O**

◎ 계산해 보세요.

1. 4 + 0

① $4 - 0 = \blacksquare$
$\Rightarrow 4 = \blacksquare + 0$
   (4 + 0)
$\blacksquare = \boxed{4}$

해설 어떤 수에 0을 더하면 값이 변하지 않습니다. 마찬가지로 어떤 수에서 0을 빼면 값이 변하지 않습니다.

② $4 - 0 = \blacksquare$
      ↓+6 ↓+6
$\boxed{10} - \boxed{6} = \blacksquare$
$\blacksquare = \boxed{4}$

해설 4-0과 10-6의 계산 결과는 같습니다.

2. 6 - 0

① $6 - 0 = \blacksquare$
$\Rightarrow 6 = \blacksquare + 0$
   (6 + 0)
$\blacksquare = \boxed{6}$

해설 어떤 수에 0을 더하면 값이 변하지 않습니다. 마찬가지로 어떤 수에서 0을 빼면 값이 변하지 않습니다.

② $6 - 0 = \blacksquare$
      ↓+4 ↓+4
$\boxed{10} - \boxed{4} = \blacksquare$
$\blacksquare = \boxed{6}$

해설 6-0과 10-4의 계산 결과는 같습니다.

3. 9 - 0

① $9 - 0 = \blacksquare$
$\Rightarrow 9 = \blacksquare + 0$
   (9 + 0)
$\blacksquare = \boxed{9}$

해설 어떤 수에 0을 더하면 값이 변하지 않습니다. 마찬가지로 어떤 수에서 0을 빼면 값이 변하지 않습니다.

② $9 - 0 = \blacksquare$
      ↓+1 ↓+1
$\boxed{10} - \boxed{1} = \blacksquare$
$\blacksquare = \boxed{9}$

해설 9-0과 10-1의 계산 결과는 같습니다.

2단계 ① (몇) - (몇) 계산하기 유형3

유형3 두 수의 차 구하기
두 수의 차를 구하는 뺄셈식을 구해 봅시다.

방법 ① 덧셈과의 관계 이용하기

4와 1의 차 ➡ 4 - 1

4 - 1 = ■
⇒ 4 = ■ + 1
   ↑
   3 + 1
■ = 3

방법 ② 10 - (몇)으로 바꾸기

4와 1의 차 ➡ 4 - 1

4 - 1 = ■
      1+6 1+6
⇒ 10 - 7 = ■
■ = 3

※ '4와 1의 차'와 '1과 4의 차'는 값이
① 같습니다. ○
② 다릅니다.

◎ 두 수의 차를 구하는 뺄셈식을 세우고 계산해 보세요.

1. 7과 5의 차 ➡ 7 - 5

❶ 7 - 5 = ■
⇒ 7 = ■ + 5
       ↑
       2 + 5
■ = 2

해설 두 수의 차는 큰 수에서 작은 수를 빼서 구합니다. 7은 2와 5로 가를 수 있기 때문에 7-5는 2입니다.

❷ 7 - 5 = ■
    1+3 1+3
⇒ 10 - 8 = ■
■ = 2

해설 7-5는 10-8과 계산 결과가 같습니다.

2. 4와 8의 차 ➡ 8 - 4

❶ 8 - 4 = ■
⇒ 8 = ■ + 4
      ↑
      4 + 4
■ = 4

해설 두 수의 차는 큰 수에서 작은 수를 빼서 구합니다. 8은 4와 4로 가를 수 있기 때문에 8-4는 4입니다.

❷ 8 - 4 = ■
    1+2 1+2
⇒ 10 - 6 = ■
■ = 4

해설 8-4는 10-6과 계산 결과가 같습니다.

3. 3과 8의 차 ➡ 8 - 3

❶ 8 - 3 = ■
⇒ 8 = ■ + 3
      ↑
      5 + 3
■ = 5

해설 두 수의 차는 큰 수에서 작은 수를 빼서 구합니다. 8은 5와 3으로 가를 수 있기 때문에 8-3은 5입니다.

❷ 8 - 3 = ■
    1+2 1+2
⇒ 10 - 5 = ■
■ = 5

해설 8-3은 10-5와 계산 결과가 같습니다.

Calculation Master 1 (몇) - (몇) 계산하기 3단계

◎ 계산해 보세요.

❶ 3 - 3 = 0
해설 어떤 수에서 자기 자신을 빼면 0이 됩니다.

❷ 6 - 6 = 0
해설 어떤 수에서 자기 자신을 빼면 0이 됩니다.

❸ 9 - 9 = 0
해설 어떤 수에서 자기 자신을 빼면 0이 됩니다.

❹ 4 - 4 = 0
해설 어떤 수에서 자기 자신을 빼면 0이 됩니다.

❺ 1 - 1 = 0
해설 어떤 수에서 자기 자신을 빼면 0이 됩니다.

❻ 8 - 8 = 0
해설 어떤 수에서 자기 자신을 빼면 0이 됩니다.

❼ 1 - 0 = 1
해설 어떤 수에서 0을 빼면 값이 변하지 않습니다.

❽ 3 - 0 = 3
해설 어떤 수에서 0을 빼면 값이 변하지 않습니다.

❾ 5 - 0 = 5
해설 어떤 수에서 0을 빼면 값이 변하지 않습니다.

❿ 7 - 0 = 7
해설 어떤 수에서 0을 빼면 값이 변하지 않습니다.

⓫ 8 - 0 = 8
해설 어떤 수에서 0을 빼면 값이 변하지 않습니다.

⓬ 9 - 0 = 9
해설 어떤 수에서 0을 빼면 값이 변하지 않습니다.

⓭ 3 - 2 = 1
해설 3은 2와 1로 가를 수 있습니다. 3-2=1입니다.

⓮ 5 - 1 = 4
해설 5는 1과 4로 가를 수 있습니다. 5-1=4입니다.

⓯ 9 - 2 = 7
해설 9는 2와 7로 가를 수 있습니다. 9-2=7입니다.

⓰ 5 - 4 = 1
해설 5는 4와 1로 가를 수 있습니다. 5-4=1입니다.

⓱ 7 - 4 = 3
해설 7은 4와 3으로 가를 수 있습니다. 7-4=3입니다.

⓲ 8 - 6 = 2
해설 8은 6과 2로 가를 수 있습니다. 8-6=2입니다.

⓳ 6과 4의 차
➡ 6 - 4 = 2
해설 두 수의 차는 큰 수에서 작은 수를 빼서 구합니다.

⓴ 7과 8의 차
➡ 8 - 7 = 1
해설 두 수의 차는 큰 수에서 작은 수를 빼서 구합니다.

㉑ 9과 5의 차
➡ 9 - 5 = 4
해설 두 수의 차는 큰 수에서 작은 수를 빼서 구합니다.

㉒ 1과 8의 차
➡ 8 - 1 = 7
해설 두 수의 차는 큰 수에서 작은 수를 빼서 구합니다.

㉓ 6과 5의 차
➡ 6 - 5 = 1
해설 두 수의 차는 큰 수에서 작은 수를 빼서 구합니다.

㉔ 7과 9의 차
➡ 9 - 7 = 2
해설 두 수의 차는 큰 수에서 작은 수를 빼서 구합니다.

2 세 수의 뺄셈 계산하기

학습 목표

단계	학습 의도	구분	학습 주제	관련 교과
1단계	Basic Exercise 세 수의 뺄셈을 계산하는 여러 가지 방법을 배웁니다.	방법1	빼는 순서 바꾸기	
		방법2	덧셈 이용하기	
		방법3	수 바꾸어 계산하기	
2단계	One Problem Multi Solution 1단계에서 배운 여러 가지 방법을 토대로 세 수를 뺄셈하는 여러 가지 유형을 계산합니다.	유형1	빼고 빼는 식의 계산	〈1-2〉 3.덧셈과 뺄셈(1)
		유형2	빼고 더하는 식의 계산	〈1-2〉 3.덧셈과 뺄셈(1)
		유형3	더하고 빼는 식의 계산	〈1-2〉 3.덧셈과 뺄셈(1)
3단계	Calculation Master 앞에서 학습한 내용을 자유롭게 적용해 계산합니다.			

2 세 수의 뺄셈 계산하기 — Basic Exercise (1단계)

Q1 □ 안에 알맞은 수를 써넣으세요.

방법 ❶ 빼는 순서 바꾸기

❶ 6 - 3 - 1
⇒ 6 - 1 - 3 = [5] - 3
                 (5+1)
              = [2]

❷ 3 + 2 - 2
⇒ 2 - 2 + 3 = [0] + 3
                 (0+2)
              = [3]

❶ 7 - 4 - 2
⇒ 7 - 2 - 4 = [5] - 4
                 (5+2)
              = [1]

❸ 8 - 5 + 1
⇒ 8 + 1 - 5 = [9] - 5
                 (9)
              = [4]

해설) 7에서 2를 먼저 빼고, 4를 나중에 뺄 수 있습니다.

해설) 8+1을 먼저 계산하고, 나중에 5를 뺄 수 있습니다.

❷ 5 - 2 - 1
⇒ 5 - 1 - 2 = [4] - 2
                 (4+1)
              = [2]

❹ 2 + 6 - 3
⇒ 6 - 3 + 2 = [3] + 2
                 (3+3)
              = [5]

해설) 5에서 1을 먼저 빼고, 2를 나중에 뺄 수 있습니다.

해설) 6-3을 먼저 계산하고, 나중에 2를 더할 수 있습니다.

Q2 □ 안에 알맞은 수를 써넣으세요.

방법 ❷ 덧셈 이용하기

❶ 5 - 3 - 1
⇒ 5 - (3 + 1) = 5 - [4]
                      (4)
                   = [1]

❷ 6 - 2 + 3
⇒ (6 + 3) - 2 = [9] - 2
                   (9)
                = [7]

❶ 7 - 5 - 1
⇒ 7 - (5 + 1) = 7 - [6]
                      (6)
                   = [1]

❸ 3 - 1 + 4
⇒ (3 + 4) - 1 = [7] - 1
                   (7)
                = [6]

해설) 7에서 5를 빼고 1을 뺀다는 것은 7에서 5와 1의 합인 6을 빼는 것과 같습니다.

해설) 3+4를 먼저 계산하고 나중에 1을 뺄 수 있습니다.

❷ 8 - 2 - 4
⇒ 8 - (2 + 4) = 8 - [6]
                      (6)
                   = [2]

❹ 5 - 2 + 3
⇒ (5 + 3) - 2 = [8] - 2
                   (8)
                = [6]

해설) 8에서 2를 빼고 4를 뺀다는 것은 8에서 2와 4의 합인 6을 빼는 것과 같습니다.

해설) 5+3을 먼저 계산하고 나중에 2를 뺄 수 있습니다.

Q3 □ 안에 알맞은 수를 써넣으세요.

방법 ❸ 수 바꾸어 계산하기

❶ 6 - 2 - 1
      ↓+1 ↓-1
⇒ [7] - 2 - [2]
= [5] - [2]
= [3]

❷ 8 - 7 + 4
⇒ 8 - [8] + [5]
= [0] + [5]
= [5]

❶ 7 - 3 - 2
      ↓+1 ↓+1
⇒ [8] - 3 - [3]
= [5] - [3]
=

❸ 6 - 4 + 3
      ↓+1 ↓+1
⇒ 6 - [5] + [4]
= [0] + [4]
=

해설) 7이 8로 1 커진 만큼 빼는 수 2도 똑같이 1 큰 수인 3으로 바꿔 줘야 합니다.

해설) 빼는 수 4가 6이 되면서 2만큼 더 빼 주었기 때문에, 더하는 수 3에 2만큼 더해 주어야 합니다.

❷ 5 - 1 - 1
      ↓-1 ↓-1
⇒ [4] - 1 - [0]
= [3] - 0
= [3]

❹ 4 - 3 + 5
      ↓+1 ↓+1
⇒ 4 - [4] + [6]
= [0] + [6]
= [6]

해설) 5가 4로 1 작아진 만큼 빼는 수 1도 똑같이 1 작은 수인 0으로 바꿔 줘야 합니다.

해설) 빼는 수 3이 4가 되면서 1만큼 더 빼 주었기 때문에, 더하는 수 5에 1만큼 더해 주어야 합니다.

2 세 수의 뺄셈 계산하기 — 2단계

유형1 빼고 빼는 식의 계산

세 가지 방법으로 빼고 빼는 식을 계산해 보고, 어떤 방법이 가장 쉬운지 생각해 봅시다.

방법 ① 빼는 순서 바꾸기

$$4 - 2 - 1$$
$$\Rightarrow 4 - 1 - 2 = 3 - 2$$
$$ = 1$$
(3+1)

방법 ② 덧셈 이용하기

$$4 - 2 - 1$$
$$\Rightarrow 4 - (2 + 1) = 4 - 3$$
$$ = 1$$
(3)

방법 ③ 수 바꾸어 계산하기

$$4 - 2 - 1$$
(↓+1)(↓+1)
$$\Rightarrow 5 - 2 - 2$$
$$= 3 - 2$$
$$= 1$$

◎ 계산해 보세요.

1. 8 − 4 − 2

① $8 - 4 - 2$
$\Rightarrow 8 - 2 - 4 = \boxed{6} - 4$
(6+2) $ = \boxed{2}$

해설 8−2를 먼저 계산한 뒤, 4를 빼서 구합니다.

② $8 - 4 - 2$
$\Rightarrow 8 - (4 + 2) = 8 - \boxed{6}$
$ \boxed{6} = \boxed{2}$

해설 8에서 4와 2를 뺀다는 것은, 8에서 4와 2의 합인 6을 뺀다는 것과 같습니다.

③ $8 - 4 - 2$
(↓−2)(↓−2)
$\Rightarrow 6 - \boxed{4} - \boxed{0}$
$= \boxed{2} - \boxed{0}$
$= \boxed{2}$

해설 8이 6으로 바뀌면서 2만큼 줄었기 때문에, 빼는 수 2도 2만큼 줄여서 0으로 바꿉니다.

2. 9 − 5 − 1

① $9 - 5 - 1$
$\Rightarrow 9 - 1 - 5 = \boxed{8} - 5$
(8+1) $ = \boxed{3}$

해설 9−1을 먼저 계산한 뒤, 5를 빼서 구합니다.

② $9 - 5 - 1$
$\Rightarrow 9 - (5 + 1) = 9 - \boxed{6}$
$ = \boxed{3}$

해설 9에서 5와 1을 뺀다는 것은, 9에서 5와 1의 합인 6을 뺀다는 것과 같습니다.

③ $9 - 5 - 1$
(↓−1)(↓−1)
$\Rightarrow 8 - \boxed{5} - \boxed{0}$
$= \boxed{3} - \boxed{0}$
$= \boxed{3}$

해설 9가 8로 바뀌면서 1만큼 줄었기 때문에, 빼는 수 1도 1만큼 줄여서 0으로 바꿉니다.

3. 8 − 4 − 3

① $8 - 4 - 3$
$\Rightarrow 8 - 3 - 4 = \boxed{5} - 4$
(5+3) $ = \boxed{1}$

해설 8−3을 먼저 계산한 뒤, 4를 빼서 구합니다.

② $8 - 4 - 3$
$\Rightarrow 8 - (4 + 3) = 8 - \boxed{7}$
$ \boxed{7} = \boxed{1}$

해설 8에서 4와 3을 뺀다는 것은, 8에서 4와 3의 합인 7을 뺀다는 것과 같습니다.

③ $8 - 4 - 3$
(↓+1)(↓+1)
$\Rightarrow 9 - \boxed{4} - \boxed{4}$
$= \boxed{5} - \boxed{4}$
$= \boxed{1}$

해설 8을 9로 바꾸면서 1만큼 더해 주기 때문에, 빼는 수 3도 1만큼 더하여 4를 빼 주어야 합니다.

2단계 2 세 수의 뺄셈 계산하기 — 유형2

유형2 빼고 더하는 식의 계산

세 가지 방법으로 빼고 더하는 식을 계산해 보고, 어떤 방법이 가장 쉬운지 생각해 봅시다.

방법 ① 빼는 순서 바꾸기

$$2 - 1 + 3$$
$$\Rightarrow 2 + 3 - 1 = 5 - 1$$
$$ 5 = 4$$

방법 ② 덧셈 이용하기

$$2 - 1 + 3$$
$$\Rightarrow (2 + 3) - 1 = 5 - 1$$
$$ 5 = 4$$

방법 ③ 수 바꾸어 계산하기

$$2 - 1 + 3$$
(↓−1)(↓−1)
$$\Rightarrow 1 - 0 + 3$$
$$= 1 + 3$$
$$= 4$$

◎ 계산해 보세요.

1. 7 − 5 + 2

① $7 - 5 + 2$
$\Rightarrow 7 + 2 - 5 = \boxed{9} - 5$
$ \boxed{9} = \boxed{4}$

해설 7+2를 먼저 계산한 값에서 5를 빼 줍니다.

② $7 - 5 + 2$
$\Rightarrow (7 + 2) - 5 = \boxed{9} - 5$
$ \boxed{9} = \boxed{4}$

해설 7+2를 먼저 계산한 값에서 5를 빼 줍니다.

③ $7 - 5 + 2$
(↓−1)(↓−1)
$\Rightarrow 7 - \boxed{7} + \boxed{4}$
$= \boxed{0} + \boxed{4}$
$= \boxed{4}$

해설 빼는 수 5를 7로 바꾸면서 2만큼 더 빼기 때문에 더하는 수 2에 2를 더해 주어야 합니다.

2. 5 − 3 + 4

① $5 - 3 + 4$
$\Rightarrow 5 + 4 - 3 = \boxed{9} - 3$
$ \boxed{9} = \boxed{6}$

해설 5+4를 먼저 계산한 값에서 3을 빼 줍니다.

② $5 - 3 + 4$
$\Rightarrow (5 + 4) - 3 = \boxed{9} - 3$
$ \boxed{9} = \boxed{6}$

해설 5+4를 먼저 계산한 값에서 3을 빼 줍니다.

③ $5 - 3 + 4$
(↓+2)(↓+2)
$\Rightarrow 5 - \boxed{5} + \boxed{6}$
$= \boxed{0} + \boxed{6}$
$= \boxed{6}$

해설 빼는 수 3을 5로 바꾸면서 2만큼 더 빼기 때문에 더하는 수 4에도 2를 더해 주어야 합니다.

3. 6 − 3 + 2

① $6 - 3 + 2$
$\Rightarrow 6 + 2 - 3 = \boxed{8} - 3$
$ \boxed{8} = \boxed{5}$

해설 6+2를 먼저 계산한 값에서 3을 빼 줍니다.

② $6 - 3 + 2$
$\Rightarrow (6 + 2) - 3 = \boxed{8} - 3$
$ \boxed{8} = \boxed{5}$

해설 6+2를 먼저 계산한 값에서 3을 빼 줍니다.

③ $6 - 3 + 2$
(↓+2)(↓−2)
$\Rightarrow 6 - \boxed{3 + 0}$
$= \boxed{5} + \boxed{0}$
$= \boxed{5}$

해설 6을 8로 바꾸면서 2만큼 더해 주기 때문에 더하는 수 2에서 2만큼 빼 주어야 합니다.

2단계 ② 세 수의 뺄셈 계산하기 유형3

유형3 더하고 빼는 식의 계산

세 가지 방법으로 더하고 빼는 식을 계산해 보고, 어떤 방법이 가장 쉬운지 생각해 봅시다.

방법 ① 빼는 순서 바꾸기
4 + 5 − 3
⇒ 4 − 3 + 5 = 1 + 5
         = 6

방법 ② 덧셈 이용하기
4 + 5 − 3
= 9 − 3
= 6

방법 ③ 수 바꾸어 계산하기
4 + 5 − 3
⇒ 4 + 4 − 2
= 8 − 2
= 6

◎ 계산해 보세요.

1. 3 + 3 − 2

❶ 3 + 3 − 2
⇒ 3 − 2 + 3 = 1 + 3
           = 4

해설 3−2를 먼저 계산하고 나중에 3을 더해 줍니다.

❷ 3 + 3 − 2
= 6 − 2
= 4

해설 3+3을 먼저 계산하고 2를 빼 줍니다.

❸ 3 + 3 − 2
   ↓+1 ↓+1
⇒ 4 + 3 − 3
= 7 − 3
= 4

해설 3을 4로 바꾸면서 1을 더해 주었기 때문에 빼는 수 2도 1을 더하여 3을 빼 주어야 합니다.

2. 5 + 2 − 4

❶ 5 + 2 − 4
⇒ 5 − 4 + 2 = 1 + 2
           = 3

해설 5−4를 먼저 계산하고 2를 더해줍니다.

❷ 5 + 2 − 4
= 7 − 4
= 3

해설 5+2를 먼저 계산하고 4를 빼 줍니다.

❸ 5 + 2 − 4
⇒ 5 + 3 − 5
  5 − 5 + 3
= 0 + 3
= 3

해설 더하는 수 2를 1만큼 더해 3으로 바꾸면 빼는 수 4도 1만큼 더해 5를 빼 주어야 합니다.

3. 6 + 3 − 5

❶ 6 + 3 − 5
⇒ 6 − 5 + 3 = 1 + 3
           = 4

해설 6−5를 먼저 계산하고 3을 더해냅니다.

❷ 6 + 3 − 5
= 9 − 5
= 4

해설 6+3을 먼저 계산하고 5를 빼 줍니다.

❸ 6 + 3 − 5
⇒ 7 + 3 − 6
= 10 − 6
= 4

해설 6에 1을 더하여 7로 바꾸었기 때문에 빼는 수 5도 1을 더하여 6을 빼 주어야 합니다.

---

2 세 수의 뺄셈 계산하기 3단계

◎ 계산해 보세요.

❶ 4 − 1 − 1 = 2
해설 4 − 1 = 3
3 − 1 = 2

❷ 5 − 2 − 3 = 0
해설 5 − 2 = 3
3 − 3 = 0

❸ 6 − 2 − 3 = 1
해설 6에서 2와 3을 빼는 것은 6에서 2와 3의 합을 빼는 것과 같습니다.
6 − 2 − 3 = 6 − 5 = 1

❹ 7 − 1 − 3 = 3
해설 7 − 3 = 4
4 − 1 = 3

❺ 8 − 3 − 4 = 1
해설 8 − 3 − 4 = 8 − 7 = 1

❻ 9 − 2 − 4 = 3
해설 9 − 2 = 7
7 − 4 = 3

❼ 8 − 2 − 2 = 4
해설 8 − 2 − 2 = 8 − 4 = 4

❽ 9 − 6 − 1 = 2
해설 9 − 1 = 8
8 − 6 = 2

❾ 3 − 1 + 5 = 7
해설 3 + 5 = 8
8 − 1 = 7

❿ 2 − 1 + 7 = 8
해설 2 − 1 = 1
1 + 7 = 8

⓫ 7 − 3 + 4 = 8
해설 7 − 3 = 4
4 + 4 = 8

⓬ 5 − 4 + 6 = 7
해설 5 − 4 = 1
1 + 6 = 7

⓭ 3 − 2 + 6 = 7
해설 3 − 2 = 1
1 + 6 = 7

⓮ 9 − 7 + 1 = 3
해설 9 + 1 = 10
10 − 7 = 3

⓯ 6 − 5 + 2 = 3
해설 6 − 5 = 1
1 + 2 = 3

⓰ 7 − 2 + 3 = 8
해설 7 + 3 = 10
10 − 2 = 8

⓱ 1 + 5 − 3 = 3
해설 5 − 3 = 2
1 + 2 = 3

⓲ 2 + 4 − 2 = 4
해설 2 − 2 = 0
4 + 0 = 4

⓳ 6 + 3 − 4 = 5
해설 6 − 4 = 2
2 + 3 = 5

⓴ 7 + 1 − 5 = 3
해설 7 − 5 = 2
2 + 1 = 3

㉑ 4 + 5 − 2 = 7
해설 5 − 2 = 3
4 + 3 = 7

㉒ 4 + 3 − 1 = 6
해설 3 − 1 = 2
4 + 2 = 6

㉓ 3 + 6 − 2 = 7
해설 3 + 6 = 9
9 − 2 = 7

㉔ 5 + 4 − 1 = 8
해설 4 − 1 = 3
5 + 3 = 8

3 (몇십 몇) - (몇) 계산하기

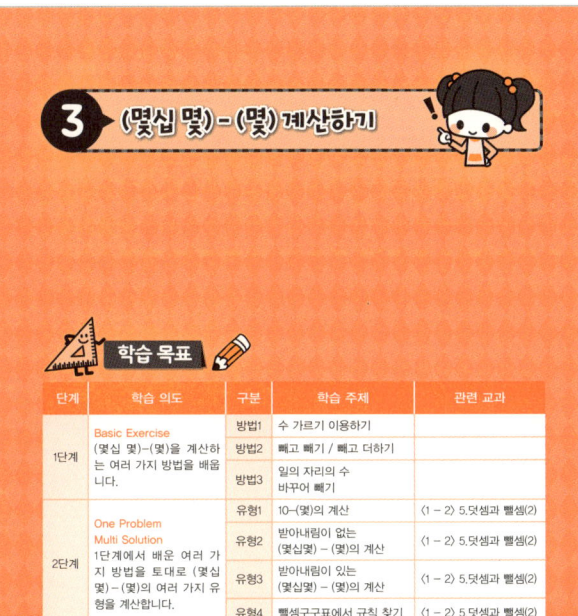

학습 목표

단계	학습 의도	구분	학습 주제	관련 교과
1단계	Basic Exercise (몇십 몇)−(몇)을 계산하는 여러 가지 방법을 배웁니다.	방법1	수 가르기 이용하기	
		방법2	빼고 빼기 / 빼고 더하기	
		방법3	일의 자리의 수 바꾸어 빼기	
2단계	One Problem Multi Solution 1단계에서 배운 여러 가지 방법을 토대로 (몇십 몇)−(몇)의 여러 가지 유형을 계산합니다.	유형1	10−(몇)의 계산	⟨1 − 2⟩ 5.덧셈과 뺄셈(2)
		유형2	받아내림이 없는 (몇십몇) − (몇)의 계산	⟨1 − 2⟩ 5.덧셈과 뺄셈(2)
		유형3	받아내림이 있는 (몇십몇) − (몇)의 계산	⟨1 − 2⟩ 5.덧셈과 뺄셈(2)
		유형4	뺄셈구구표에서 규칙 찾기	⟨1 − 2⟩ 5.덧셈과 뺄셈(2)
3단계	Calculation Master 앞에서 학습한 내용을 자유롭게 적용해 계산합니다.			

Basic Exercise
3 (몇십 몇) - (몇) 계산하기 — 1단계

Q1 ☐ 안에 알맞은 수를 써넣으세요.

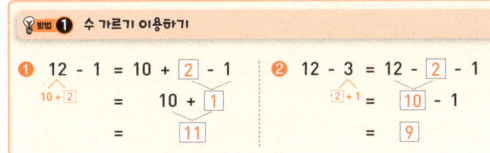

방법 ① 수 가르기 이용하기

❶ 12 − 1 = 10 + [2] − 1
  (10 + 2)
   = 10 + [1]
   = [11]

❷ 12 − 3 = 12 − [2] − 1
  (2 + 1)
   = [10] − 1
   = [9]

❶ 15 − 3 = 10 + [5] − 3
  (10 + 5)
   = 10 + [2]
   = [12]

❸ 15 − 6 = 15 − [5] − 1
  (5 + 1)
   = [10] − 1
   = [9]

해설: 15를 10과 5로 가르고, 5−3을 먼저 계산합니다.

해설: 6을 5와 1로 가르고, 15에서 5를 먼저 빼 줍니다.

❷ 17 − 2 = 10 + [7] − 2
  (10 + 7)
   = 10 + [5]
   = [15]

❹ 13 − 5 = 13 − [3] − 2
  (3 + 2)
   = [10] − 2
   = [8]

해설: 17을 10과 7로 가르고, 7−2를 먼저 계산합니다.

해설: 5를 3과 2로 가르고, 13에서 3을 먼저 빼 줍니다.

Q2 ☐ 안에 알맞은 수를 써넣으세요.

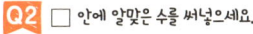

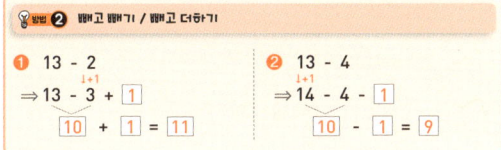

방법 ② 빼고 빼기 / 빼고 더하기

❶ 13 − 2
  ↓ 1+1
  ⇒ 13 − 3 + [1]
   [10] + [1] = [11]

❷ 13 − 4
  ↓ 1+1
  ⇒ 14 − 4 − [1]
   [10] − [1] = [9]

❶ 14 − 2
  ↓ 1+1
  ⇒ 14 − 4 + [2]
   [10] + [2] = [12]

❸ 12 − 4
  ↓ 1+2
  ⇒ 14 − 4 − [2]
   [10] − [2] = [8]

해설: 빼는 수 2를 4로 바꾸면서 2만큼 더 빼 주었으므로 2를 더해 주어야 합니다.

해설: 12를 14로 바꾸면서 2만큼 더해 주었기 때문에 똑같이 2만큼 빼 주어야 합니다.

❷ 16 − 5
  ↓ 1+1
  ⇒ 16 − 6 + [1]
   [10] + [1] = [11]

❹ 14 − 5
  ↓ 1+1
  ⇒ 15 − 5 − [1]
   [10] − [1] = [9]

해설: 빼는 수 5를 6으로 바꾸면서 1만큼 더 빼 주었으므로 1을 더해 주어야 합니다.

해설: 14를 15로 바꾸면서 1만큼 더해 주었기 때문에 똑같이 1만큼 빼 주어야 합니다.

Q3 ☐ 안에 알맞은 수를 써넣으세요.

방법 ③ 일의 자리 수 바꾸어 빼기

❶ 12 − 6
  ① 일의 자리 수 바꾸어 빼기
  ⇒ 6 − 2 = [4]
  ② 십의 자리 수에서 ①의 값 빼기
  ⇒ 10 − [4] = [6]

❷ 14 − 9
  ① 일의 자리 수 바꾸어 빼기
  ⇒ 9 − 4 = [5]
  ② 십의 자리 수에서 ①의 값 빼기
  ⇒ 10 − [5] = [5]

이 방법은 받아내림이 있는 (몇십 몇) − (몇)을 계산할 때 사용하며, 받아내림이 없는 (몇십 몇) − (몇)에서는 사용하지 않습니다.

❶ 15 − 7
  ① 일의 자리 수 바꾸어 빼기
  ⇒ 7 − 5 = [2]
  ② 십의 자리 수에서 ①의 값 빼기
  ⇒ 10 − [2] = [8]

❸ 16 − 7
  ① 일의 자리 수 바꾸어 빼기
  ⇒ 7 − 6 = [1]
  ② 십의 자리 수에서 ①의 값 빼기
  ⇒ 10 − [1] = [9]

해설: 15 − 7 = 15 − 5 − 2 = 10 − 2 = 8 과 계산 결과가 같습니다.

해설: 16 − 7 = 16 − 6 − 1 = 10 − 1 = 9 와 계산 결과가 같습니다.

❷ 14 − 8
  ① 일의 자리 수 바꾸어 빼기
  ⇒ 8 − 4 = [4]
  ② 십의 자리 수에서 ①의 값 빼기
  ⇒ 10 − [4] = [6]

❹ 23 − 8
  ① 일의 자리 수 바꾸어 빼기
  ⇒ 8 − 3 = [5]
  ② 십의 자리 수에서 ①의 값 빼기
  ⇒ 20 − [5] = [15]

해설: 14 − 8 = 14 − 4 − 4 = 10 − 4 = 6 과 계산 결과가 같습니다.

해설: 13 − 8 = 13 − 3 − 5 = 10 − 5 = 5 와 계산 결과가 같습니다.

3. (몇십 몇) - (몇) 계산하기 [2단계]

유형1 10 - (몇)의 계산
10 - (몇)을 여러 가지 방법으로 계산해 봅시다.

방법 1 수 가르기 이용하기
$10 - 9 = 1 + 9 - 9$
      $1+9$
$= 1 + 0$
$= 1$

방법 2 빼고 빼기 / 빼고 더하기
$10 - 9$
$\Rightarrow 10 - 10 + 1$ ($\downarrow +2$)
$= 0 + 1$
$= 1$

방법 3 일의 자리 수 바꾸어 빼기
$10 - 9$
① 일의 자리 수 바꾸어 빼기
$\Rightarrow 9 - 0 = 9$
② 십의 자리 수에서 ①의 값 빼기
$\Rightarrow 10 - 9 = 1$

◎ 계산해 보세요.

1. 10 - 8
① $10 - 8 = 2 + 8 - 8$
    $2+8$ $= 2 + 0$
           $= 2$
해설: 10을 2와 8로 가르고, 8을 빼 주면 2만 남습니다.

② $10 - 8$
$\Rightarrow 10 - 10 + 2$ ($\downarrow +2$)
$= 0 + 2$
$= 2$
해설: 빼는 수 8을 10으로 바꾸면서 2만큼 더 뺐으므로 똑같이 2만큼 더해 주어야 합니다.

③ $10 - 8$
① 일의 자리 수 바꾸어 빼기
$\Rightarrow 8 - 0 = 8$
② 십의 자리 수에서 ①의 값 빼기
$\Rightarrow 10 - 8 = 2$
해설: $10 - 8 = 2 + 8 - 8 = 2 + 0 = 2$ 와 계산 결과가 같습니다.

2. 10 - 7
① $10 - 7 = 3 + 7 - 7$
    $3+7$ $= 3 + 0$
           $= 3$
해설: 10을 3과 7로 가르고, 7을 빼 주면 3만 남습니다.

② $10 - 7$
$\Rightarrow 10 - 10 + 3$ ($\downarrow +3$)
$= 0 + 3$
$= 3$
해설: 빼는 수 7을 10으로 바꾸면서 3만큼 더 뺐으므로 똑같이 3만큼 더해 주어야 합니다.

③ $10 - 7$
① 일의 자리 수 바꾸어 빼기
$\Rightarrow 7 - 0 = 7$
② 십의 자리 수에서 ①의 값 빼기
$\Rightarrow 10 - 7 = 3$
해설: $10 - 7 = 3 + 7 - 7 = 3 + 0 = 3$ 과 계산 결과가 같습니다.

3. 10 - 6
① $10 - 6 = 4 + 6 - 6$
    $4+6$ $= 4 + 0$
           $= 4$
해설: 10을 6과 4로 가르고, 6을 빼 주면 4만 남습니다.

② $10 - 6$
$\Rightarrow 10 - 10 + 4$ ($\downarrow +4$)
$= 0 + 4$
$= 4$
해설: 빼는 수 6을 10으로 바꾸면서 4만큼 더 뺐으므로 똑같이 4만큼 더해 주어야 합니다.

③ $10 - 6$
① 일의 자리 수 바꾸어 빼기
$\Rightarrow 6 - 0 = 6$
② 십의 자리 수에서 ①의 값 빼기
$\Rightarrow 10 - 6 = 4$
해설: $10 - 6 = 4 + 6 - 6 = 4 + 0 = 4$ 와 계산 결과가 같습니다.

[2단계] 3. (몇십 몇) - (몇) 계산하기 유형2

유형2 받아내림이 없는 (몇십 몇) - (몇)의 계산
받아내림이 없는 (몇십 몇) - (몇)을 세 가지 방법으로 계산해 봅시다.

방법 1 수 가르기 이용하기
$15 - 2 = 10 + 5 - 2$
  $10+5$ $= 10 + 3$
          $= 13$

방법 2 빼고 빼기 / 빼고 더하기
$15 - 2$
$\Rightarrow 15 - 5 + 3$ ($\downarrow +3$)
$= 10 + 3$
$= 13$

◎ 계산해 보세요.

1. 17 - 4
① $17 - 4 = 10 + 7 - 4$
    $10+7$ $= 10 + 3$
           $= 13$
해설: 17을 10과 7로 가르고, 7-4를 먼저 계산합니다.

② $17 - 4$
$\Rightarrow 17 - 7 + 3$ ($\downarrow +3$)
$= 10 + 3$
$= 13$
해설: 빼는 수 4를 7로 바꾸면서 3만큼 더 뺐기 때문에 똑같이 3만큼 더해 주어야 합니다.

2. 28 - 3
① $28 - 3 = 20 + 8 - 3$
    $20+8$ $= 20 + 5$
           $= 25$
해설: 28을 20과 8로 가르고, 8-3을 먼저 계산합니다.

② $28 - 3$
$\Rightarrow 28 - 8 + 5$ ($\downarrow +5$)
$= 20 + 5$
$= 25$
해설: 빼는 수 3을 8로 바꾸면서 5만큼 더 뺐기 때문에 똑같이 5만큼 더해 주어야 합니다.

3. 46 - 5
① $46 - 5 = 40 + 6 - 5$
    $40+6$ $= 40 + 1$
           $= 41$
해설: 46을 40과 6으로 가르고, 6-5를 먼저 계산합니다.

② $46 - 5$
$\Rightarrow 46 - 6 + 1$ ($\downarrow +1$)
$= 40 + 1$
$= 41$
해설: 빼는 수 5를 6으로 바꾸면서 1만큼 더 뺐기 때문에 똑같이 1만큼 더해 주어야 합니다.

2단계 ③ (몇십 몇) − (몇) 계산하기 유형3

유형3 받아내림이 있는 (몇십 몇) − (몇)의 계산

받아내림이 있는 (몇십 몇) − (몇)을 세 가지 방법으로 계산해 봅시다.

방법 ❶ 수 가르기 이용하기

$$11 - 4 = 10 - 4 + 1$$
$$ = 6 + 1$$
$$ = 7$$
(10 + 1)

방법 ❷ 빼고 빼기 / 빼고 더하기

$$11 - 4$$
$$\Rightarrow 11 - 1 - 3$$
$$= 10 - 3$$
$$= 7$$
(↓−3)

방법 ❸ 일의 자리 수 바꾸어 빼기

$$11 - 4$$
① 일의 자리 수 바꾸어 빼기
$$\Rightarrow 4 - 1 = 3$$
② 십의 자리 수에서 ①의 값 빼기
$$\Rightarrow 10 - 3 = 7$$

◎ 계산해 보세요.

1. 11 − 7

❶ $11 - 7 = 10 - 7 + 1$
(10 + 1)
$ = 3 + 1$
$ = 4$

해설 11을 10과 1로 가르고, 10−7을 먼저 계산합니다.

❷ $11 - 7$
$\Rightarrow 11 - 1 - 6$ (↓−6)
$= 10 - 6$
$= 4$

해설 11−7을 11−1−6으로 바꾸어 계산합니다.

❸ $11 - 7$
① 일의 자리 수 바꾸어 빼기
$\Rightarrow 7 - 1 = 6$
② 십의 자리 수에서 ①의 값 빼기
$\Rightarrow 10 - 6 = 4$

2. 25 − 8

❶ $25 - 8 = 20 - 8 + 5$
(20 + 5)
$ = 12 + 5$
$ = 17$

해설 25를 20과 5로 가르고, 20−8을 먼저 계산합니다.

❷ $25 - 8$
$\Rightarrow 25 - 5 - 3$ (↓−3)
$= 20 - 3$
$= 17$

해설 25−8을 25−5−3으로 바꾸어 계산합니다.

❸ $25 - 8$
① 일의 자리 수 바꾸어 빼기
$\Rightarrow 8 - 5 = 3$
② 십의 자리 수에서 ①의 값 빼기
$\Rightarrow 20 - 3 = 17$

해설 25−8 = 25−5−3 = 20−3 = 17과 계산 결과가 같습니다.

3. 37 − 9

❶ $37 - 9 = 30 - 9 + 7$
(30 + 7)
$ = 21 + 7$
$ = 28$

해설 37을 30과 7로 가르고, 30−9를 먼저 계산합니다.

❷ $37 - 9$
$\Rightarrow 37 - 7 - 2$ (↓−2)
$= 30 - 2$
$= 28$

해설 37−9를 37−7−2로 바꾸어 계산합니다.

❸ $37 - 9$
① 일의 자리 수 바꾸어 빼기
$\Rightarrow 9 - 7 = 2$
② 십의 자리 수에서 ①의 값 빼기
$\Rightarrow 30 - 2 = 28$

해설 37−9 = 37−7−2 = 30−2 = 28과 계산 결과가 같습니다.

2단계 ③ (몇십 몇) − (몇) 계산하기 유형4

유형4 뺄셈구구표에서 규칙 찾기

뺄셈구구표에서 규칙을 찾아 봅시다.

−	11	12	13
9	2	3	4

방법 ❶ 수 가르기 이용하기

$$12 - 9 = 10 - 9 + 2$$
$$ = 1 + 2$$
$$ = 3$$
(10 + 2)

방법 ❷ 빼고 빼기, 빼고 더하기

$$12 - 9$$
$$\Rightarrow 12 - 2 - 7$$ (↓−7)
$$= 10 - 7$$
$$= 3$$

방법 ❸ 일의 자리 수 바꾸어 빼기

$$12 - 9$$
① 일의 자리 수 바꾸어 빼기
$$\Rightarrow 9 - 2 = 7$$
② 십의 자리 수에서 ①의 값 빼기
$$\Rightarrow 10 - 7 = 3$$

◎ 뺄셈구구표의 빈칸에 알맞은 수를 찾아 완성해 보세요.

1.

−	15	16	17
8	7	8	9

❶ $16 - 8 = 10 - 8 + 6$
(10 + 6)
$ = 2 + 6$
$ = 8$

해설 16을 10과 6으로 갈라서 10−8을 먼저 계산합니다.

❷ $16 - 8$
$\Rightarrow 16 - 6 - 2$ (↓−2)
$= 10 - 2$
$= 8$

해설 16−8을 16−6−2로 바꾸어 계산합니다.

❸ $16 - 8$
① 일의 자리 수 바꾸어 빼기
$\Rightarrow 8 - 6 = 2$
② 십의 자리 수에서 ①의 값 빼기
$\Rightarrow 10 - 2 = 8$

해설 16−8 = 16−6−2 = 10−2 = 8과 계산 결과가 같습니다.

2.

−	14	15	16
7	7	8	9

❶ $14 - 7 = 10 - 7 + 4$
(10 + 4)
$ = 3 + 4$
$ = 7$

해설 14를 10과 4로 갈라서 10−7을 먼저 계산합니다.

❷ $14 - 7$
$\Rightarrow 14 - 4 - 3$ (↓−3)
$= 10 - 3$
$= 7$

해설 14−7을 14−4−3으로 바꾸어 계산합니다.

❸ $14 - 7$
① 일의 자리 수 바꾸어 빼기
$\Rightarrow 7 - 4 = 3$
② 십의 자리 수에서 ①의 값 빼기
$\Rightarrow 10 - 3 = 7$

해설 14−7 = 14−4−3 = 10−3 = 7과 계산 결과가 같습니다.

3.

−	11	12	13
9	2	3	4

❶ $13 - 9 = 10 - 9 + 3$
(10 + 3)
$ = 1 + 3$
$ = 4$

해설 13을 10과 3으로 갈라서 10−9를 먼저 계산합니다.

❷ $13 - 9$
$\Rightarrow 13 - 3 - 6$ (↓−6)
$= 10 - 6$
$= 4$

해설 13−9를 13−3−6으로 바꾸어 계산합니다.

❸ $13 - 9$
① 일의 자리 수 바꾸어 빼기
$\Rightarrow 9 - 3 = 6$
② 십의 자리 수에서 ①의 값 빼기
$\Rightarrow 10 - 6 = 4$

해설 13−9 = 13−3−6 = 10−6 = 4와 계산 결과가 같습니다.

Calculation Master

3단계

3 (몇십 몇) - (몇) 계산하기

◎ 계산해 보세요.

❶ 10 - 1 = 9
해설 10은 1과 9로 가를 수 있습니다.

❷ 10 - 2 = 8
해설 10은 2와 8로 가를 수 있습니다.

❸ 10 - 3 = 7
해설 10은 3과 7로 가를 수 있습니다.

❹ 10 - 4 = 6
해설 10은 4와 6으로 가를 수 있습니다.

❺ 10 - 5 = 5
해설 10은 5와 5로 가를 수 있습니다.

❻ 10 - 7 = 3
해설 10은 7과 3으로 가를 수 있습니다.

❼ 19 - 4 = 15
해설 십의 자리: 1 - 0 = 1
일의 자리: 9 - 4 = 5

❽ 18 - 5 = 13
해설 십의 자리: 1 - 0 = 1
일의 자리: 8 - 5 = 3

❾ 17 - 6 = 11
해설 십의 자리: 1 - 0 = 1
일의 자리: 7 - 6 = 1

❿ 28 - 5 = 23
해설 십의 자리: 2 - 0 = 2
일의 자리: 8 - 5 = 3

⓫ 33 - 2 = 31
해설 33 - 2 = 33 - 3 + 1
30 + 1 = 31

⓬ 59 - 2 = 57
해설 59 - 2 = 60 - 2 - 1
58 - 1 = 57

⓭ 13 - 6 = 7
해설 13 - 6 = 13 - 3 - 3 = 10 - 3 = 7

⓮ 15 - 9 = 6
해설 ① 9 - 5 = 4
② 10 - 4 = 6

⓯ 17 - 8 = 9
해설 17 - 8 = 18 - 8 - 1 = 10 - 1 = 9

⓰ 18 - 9 = 9
해설 18 - 9 = 18 - 8 - 1 = 10 - 1 = 9

⓱ 14 - 6 = 8
해설 14 - 6 = 14 - 4 - 2 = 10 - 2 = 8

⓲ 13 - 7 = 6
해설 ① 7 - 3 = 4
② 10 - 4 = 6

⓳

-	11	12	13
5	6	7	8

해설 11 - 5 = 11 - 1 - 4 = 10 - 4 = 6

⓴

-	13	14	15
4	9	10	11

해설 14-4의 계산 결과는 13-4의 계산 결과보다 1 큰 수입니다.

㉑

-	11	12	13
7	4	5	6

해설 12-7의 계산 결과는 13-7의 계산 결과보다 1 작은 수입니다.

㉒

-	11	12	13
8	3	4	5

해설 11 - 8 = 11 - 1 - 7 = 10 - 7 = 3

㉓

-	18	19	20
5	13	14	15

해설 18 - 5 = 15 - 5 + 3 = 10 + 3 = 13

㉔

-	13	14	15
3	10	11	12

해설 13-3=10이며,
14-3은 10보다 1큰 수인 11,
15-3은 11보다 1큰 수인 12입니다.

4 (몇십) - (몇십) 계산하기

학습 목표

단계	학습 의도	구분	학습 주제	관련 교과
1단계	Basic Exercise (몇십) - (몇십)을 계산하는 여러 가지 방법을 배웁니다.	방법1	앞에서부터 계산하기	
		방법2	(몇) - (몇) 활용하기	
2단계	One Problem Multi Solution 1단계에서 배운 여러 가지 방법을 토대로 (몇십) - (몇십)의 여러 가지 유형을 계산합니다.	유형1	(몇십) - 10의 계산	〈1-2〉 3.덧셈과 뺄셈(1)
		유형2	(몇십) - (몇십)의 계산	〈1-2〉 3.덧셈과 뺄셈(1)
3단계	Calculation Master 앞에서 학습한 내용을 자유롭게 적용해 계산합니다.			

Basic Exercise

1단계

4 (몇십) - (몇십) 계산하기

Q1 □ 안에 알맞은 수를 써넣으세요.

방법 ❶ 앞에서부터 계산하기

❶ (십 일) 20 - 10 = 10
십의 자리 2 - 1 = 1
일의 자리 0 - 0 = 0

❷ (십 일) 30 - 10 = 20
십의 자리 3 - 1 = 2
일의 자리 0 - 0 = 0

❶ (십 일) 30 - 20 = 10
십의 자리 3 - 2 = 1
일의 자리 0 - 0 = 0
해설 십의 자리부터 뺄셈을 합니다.

❸ (십 일) 60 - 20 = 40
십의 자리 6 - 2 = 4
일의 자리 0 - 0 = 0
해설 십의 자리부터 뺄셈을 합니다.

❷ (십 일) 40 - 10 = 30
십의 자리 4 - 1 = 3
일의 자리 0 - 0 = 0
해설 십의 자리부터 뺄셈을 합니다.

❹ (십 일) 70 - 30 = 40
십의 자리 7 - 3 = 4
일의 자리 0 - 0 = 0
해설 십의 자리부터 뺄셈을 합니다.

149

Q2 □ 안에 알맞은 수를 써넣으세요.

방법 ❷ (몇) - (몇) 활용하기

❶ 4 - 2 → 40 - 20
  [2] = [2]0
       = [20]

❷ 5 - 2 → 50 - 20
  [3] = [3]0
       = [30]

❶ 6 - 1 → 60 - 10
  [5] = [5]0
       = [50]

해설 6-1의 계산 결과인 5가 십의 자리 숫자가 되고 일의 자리 숫자는 0입니다.

❸ 6 - 4 → 60 - 40
  [2] = [2]0
       = [20]

해설 6-4의 계산 결과인 2가 십의 자리 숫자가 되고 일의 자리 숫자는 0입니다.

❷ 4 - 3 → 40 - 30
  [1] = [1]0
       = [10]

해설 4-3의 계산 결과인 1이 십의 자리 숫자가 되고 일의 자리 숫자는 0입니다.

❹ 7 - 4 → 70 - 40
  [3] = [3]0
       = [30]

해설 7-4의 계산 결과인 3이 십의 자리 숫자가 되고 일의 자리 숫자는 0입니다.

4 (몇십) - (몇십) 계산하기

유형1 (몇십) - 10의 계산

(몇십) - 10을 여러 가지 방법으로 계산해 보고 규칙을 찾아봅시다.

방법 ❶ 앞에서부터 계산하기

❶
십	일
4	0
- 1	0
3	0

십의 자리 4 - 1 = [3]
일의 자리 0 - 0 = [0]

방법 ❷ (몇) - (몇) 활용하기

4 - 1 → 40 - 10
 [3] = 30
      = 30

방법 ❸ 십의 자리 숫자에서 1 빼기

(몇십)-10의 계산은
① 일의 자리 숫자는 [0]입니다.
② 십의 자리 숫자는 (몇십)의 십의 자리 숫자보다 1 작습니다.

◎ 계산해 보세요.

1. 80 - 10

❶
십	일
8	0
- 1	0
[7]	[0]

십의 자리 8 - 1 = [7]
일의 자리 0 - 0 = [0]

해설 십의 자리부터 뺄셈을 합니다.

❷ 8 - 1 → 80 - 10
  [7] = [7]0
       = [70]

해설 8-1의 계산 결과인 7이 십의 자리 숫자가 되고 일의 자리 숫자는 0입니다.

❸ 80-10의 계산은
① 일의 자리 숫자는 [0] 입니다.
② 십의 자리 숫자는 8보다 1 작은
[7] 입니다.
③ 80-10= [70]

해설 몇십에서 10을 빼면 (몇)-1의 값이 십의 자리 숫자가 됩니다.

---

2. 70 - 10

❶
십	일
7	0
- 1	0
[6]	[0]

십의 자리 7 - 1 = [6]
일의 자리 0 - 0 = [0]

해설 십의 자리부터 뺄셈을 합니다.

❷ 7 - 1 → 70 - 10
  [6] = [6]0
       = [60]

해설 7-1의 계산 결과인 6이 십의 자리 숫자가 되고 일의 자리 숫자는 0입니다.

❸ 70-10의 계산은
① 일의 자리 숫자는 [0] 입니다.
② 십의 자리 숫자는 7보다 1 작은
[6] 입니다.
③ 70-10= [60]

해설 몇십에서 10을 빼면 (몇)-1의 값이 십의 자리 숫자가 됩니다.

3. 90 - 10

❶
십	일
9	0
- 1	0
[8]	[0]

십의 자리 9 - 1 = [8]
일의 자리 0 - 0 = [0]

해설 십의 자리부터 뺄셈을 합니다.

❷ 9 - 1 → 90 - 10
  [8] = [8]0
       = [80]

해설 9-1의 계산 결과인 8이 십의 자리 숫자가 되고 일의 자리 숫자는 0입니다.

❸ 90-10의 계산은
① 일의 자리 숫자는 [0] 입니다.
② 십의 자리 숫자는 9보다 1 작은
[8] 입니다.
③ 90-10= [80]

해설 몇십에서 10을 빼면 (몇)-1의 값이 십의 자리 숫자가 됩니다.

4 (몇십) - (몇십) 계산하기 유형2

유형2 (몇십) - (몇십)의 계산

(몇십) - (몇십)을 두 가지 방법으로 계산해 봅시다.

방법 ❶ 앞에서부터 계산하기

❶
십	일
5	0
- 3	0
2	0

십의 자리 5 - 3 = [2]
일의 자리 0 - 0 = [0]

방법 ❷ (몇) - (몇) 활용하기

5 - 3 → 50 - 30
 [2] = 2 0
      = 20

◎ 계산해 보세요.

1. 70 - 50

❶
십	일
7	0
- 5	0
2	0

십의 자리 7 - 5 = [2]
일의 자리 0 - 0 = [0]

해설 십의 자리부터 뺄셈을 합니다.

❷ 7 - 5 → 70 - 50
  [2] = [2]0
       = [20]

해설 7-5의 계산 결과인 2가 십의 자리 숫자가 되고 일의 자리 숫자는 0입니다.

2. 80 − 30

❶
	십	일
	8	0
−	3	0
	5	0

십의 자리 8−3 = 5
일의 자리 0−0 = 0

해설 십의 자리부터 뺄셈을 합니다.

❷ 8 − 3 ➡ 80 − 30
     5   = 50
              = 50

해설 8−3의 계산 결과인 5가 십의 자리 숫자가 되고 일의 자리 숫자는 0입니다.

3. 90 − 60

❶
	십	일
	9	0
−	6	0
	3	0

십의 자리 9−6 = 3
일의 자리 0−0 = 0

해설 십의 자리부터 뺄셈을 합니다.

❷ 9 − 6 ➡ 90 − 60
     3   = 30
              = 30

해설 9−6의 계산 결과인 3이 십의 자리 숫자가 되고 일의 자리 숫자는 0입니다.

Calculation Master — 3단계
④ (몇십) − (몇십) 계산하기

◎ 계산해 보세요.

❶ 20 − 10 = 10
해설 십의 자리: 2−1=1
일의 자리: 0

❷ 30 − 10 = 20
해설 십의 자리: 3−1=2
일의 자리: 0

❸ 50 − 10 = 40
해설 십의 자리: 5−1=4
일의 자리: 0

❹ 60 − 10 = 50
해설 십의 자리: 6−1=5
일의 자리: 0

❺ 70 − 10 = 60
해설 십의 자리: 7−1=6
일의 자리: 0

❻ 80 − 10 = 70
해설 십의 자리: 8−1=7
일의 자리: 0

❼ 90 − 10 = 80
해설 십의 자리: 9−1=8
일의 자리: 0

❽ 70 − 60 = 10
해설 십의 자리: 7−6=1
일의 자리: 0

❾ 60 − 30 = 30
해설 십의 자리: 6−3=3
일의 자리: 0

❿ 80 − 40 = 40
해설 십의 자리: 8−4=4
일의 자리: 0

⓫ 90 − 20 = 70
해설 십의 자리: 9−2=7
일의 자리: 0

⓬ 90 − 50 = 40
해설 십의 자리: 9−5=4
일의 자리: 0

3단계 ④ (몇십) − (몇십) 계산하기

⓭ 50 − 40 = 10
해설 십의 자리: 5−4=1
일의 자리: 0

⓮ 30 − 30 = 0
해설 같은 수끼리 빼면 0입니다.

⓯ 80 − 50 = 30
해설 십의 자리: 8−5=3
일의 자리: 0

⓰ 90 − 80 = 10
해설 십의 자리: 9−8=1
일의 자리: 0

⓱ 60 − 60 = 0
해설 같은 수끼리 빼면 0입니다.

⓲ 90 − 30 = 60
해설 십의 자리: 9−3=6
일의 자리: 0

⓳ 80 − 60 = 20
해설 십의 자리: 8−6=2
일의 자리: 0

⓴ 70 − 70 = 0
해설 같은 수끼리 빼면 0입니다.

㉑ 90 − 40 = 50
해설 십의 자리: 9−4=5
일의 자리: 0

㉒ 90 − 70 = 20
해설 십의 자리: 9−7=2
일의 자리: 0

㉓ 80 − 70 = 10
해설 십의 자리: 8−7=1
일의 자리: 0

㉔ 50 − 50 = 0
해설 같은 수끼리 빼면 0입니다.

⑤ (몇십 몇) − (몇십 몇) 계산하기

학습 목표

단계	학습 의도	구분	학습 주제	관련 교과
1단계	Basic Exercise (몇십 몇) − (몇십 몇)을 계산하는 여러 가지 방법을 배웁니다.	방법1	십의 자리부터 계산하기	
		방법2	세 수의 계산으로 고치기	
		방법3	(몇십) − (몇십) 활용하기	
2단계	One Problem Multi Solution 1단계에서 배운 여러 가지 방법을 토대로 (몇십 몇) − (몇십 몇)의 여러 가지 유형을 계산합니다.	유형1	(몇십 몇) − (몇십)의 계산	〈1−2〉 3.덧셈과 뺄셈(1)
		유형2	(몇십 몇) − (몇십몇)의 계산	〈1−2〉 3.덧셈과 뺄셈(1)
3단계	Calculation Master 앞에서 학습한 내용을 자유롭게 적용해 계산합니다.			

Basic Exercise

5 (몇십 몇) - (몇십 몇) 계산하기 〔1단계〕

Q1 □ 안에 알맞은 수를 써넣으세요.

방법 ① 십의 자리부터 계산하기

❶
```
   십 일
   2  3
-  1  1
―――――
   1  2
```
십의 자리 2 - 1 = **1**
일의 자리 3 - 1 = **2**

❷
```
   십 일
   1  5
-  1  1
―――――
      4
```
십의 자리 1 - 1 = **0**
일의 자리 5 - 1 = **4**

❶
```
   십 일
   1  8
-  1  2
―――――
      6
```
십의 자리 1 - 1 = **0**
일의 자리 8 - 2 = **6**

해설 십의 자리부터 계산할 수 있습니다.

❸
```
   십 일
   3  5
-  1  2
―――――
   2  3
```
십의 자리 3 - 1 = **2**
일의 자리 5 - 2 = **3**

해설 십의 자리부터 계산할 수 있습니다.

❷
```
   십 일
   2  7
-  1  3
―――――
   1  4
```
십의 자리 2 - 1 = **1**
일의 자리 7 - 3 = **4**

해설 십의 자리부터 계산할 수 있습니다.

❹
```
   십 일
   5  9
-  2  4
―――――
   3  5
```
십의 자리 5 - 2 = **3**
일의 자리 9 - 4 = **5**

해설 십의 자리부터 계산할 수 있습니다.

Q2 □ 안에 알맞은 수를 써넣으세요.

방법 ② 세 수의 계산으로 고치기

❶ 26 - 14 = 24 - 14 + **2** (24 + 2)
          = **10** + 2
          = **12**

❷ 19 - 17 = 17 - 17 + **2** (17 + 2)
          = **0** + 2
          = **2**

❶ 46 - 24 = 44 - 24 + **2** (44 + 2)
          = **20** + 2
          = **22**

해설 46을 44와 2로 갈라서 세 수의 계산으로 바꿉니다.

❸ 55 - 24 = 54 - 24 + **1** (54 + 1)
          = **30** + **1**
          = **31**

해설 55를 54와 1로 갈라서 세 수의 계산으로 바꿉니다.

❷ 38 - 15 = 35 - 15 + **3** (35 + 3)
          = **20** + 3
          = **23**

해설 38을 35와 3으로 갈라서 세 수의 계산으로 바꿉니다.

❹ 73 - 21 = 71 - 21 + **2** (71 + 2)
          = **50** + **2**
          = **52**

해설 73을 71과 2로 갈라서 세 수의 계산으로 바꿉니다.

Q3 □ 안에 알맞은 수를 써넣으세요.

방법 ③ (몇십) - (몇십) 활용하기

❶ 22 - 11
= 20 + **2** - 10 - **1**
= 20 - 10 + **2** - **1**
= **10** + **1** = **11**

❷ 51 - 41
= 50 + **1** - 40 - **1**
= 50 - 40 + **1** - **1**
= **10** + **0** = **10**

❶ 32 - 21
= 30 + **2** - 20 - **1**
= 30 - 20 + **2** - **1**
= **10** + **1** = **11**

해설 30-20을 한 결과와 2-1을 한 결과를 더합니다.

❸ 71 - 50
= 70 + **1** - 50
= 70 - 50 + **1**
= **20** + **1** = **21**

해설 70-50을 한 결과에 1을 더합니다.

❷ 42 - 11
= 40 + **2** - 10 - **1**
= 40 - 10 + **2** - **1**
= **30** + **1** = **31**

해설 40-10을 한 결과와 2-1을 한 결과를 더합니다.

❹ 63 - 21
= 60 + **3** - 20 - **1**
= 60 - 20 + **3** - **1**
= **40** + **2** = **42**

해설 60-20을 한 결과와 3-1을 한 결과를 더합니다.

One Problem Multi Solution

5 (몇십 몇) - (몇십 몇) 계산하기 〔2단계〕

유형1 (몇십 몇) - (몇십)의 계산
(몇십 몇) - (몇십)을 세 가지 방법으로 계산해 봅시다.

방법 ① 십의 자리부터 계산하기

❶
```
   십 일
   2  3
-  1  0
―――――
   1  3
```
십의 자리 2 - 1 = **1**
일의 자리 3 - 0 = **3**

방법 ② 세 수의 계산으로 고치기

23 - 10 = 23 - 13 + 3
       = 10 + 3
       = 13

방법 ③ (몇십) - (몇십) 활용하기

23 - 10
= 20 + 3 - 10
= 20 - 10 + 3
= 10 + 3 = 13

◎ 계산해 보세요.

1. 82 - 20

❶
```
   십 일
   8  2
-  2  0
―――――
   6  2
```
십의 자리 8 - 2 = **6**
일의 자리 2 - 0 = **2**

해설 십의 자리부터 계산합니다.

❷ 82 - 20 = 82 - 22 + **2**
          = **60** + **2**
          = **62**

해설 82-20을 82-22+2로 고쳐서 계산합니다.

❸ 82 - 20
= 80 + **2** - 20
= 80 - 20 + **2**
= **60** + **2** = **62**

해설 80-20을 한 결과에 2를 더합니다.

235

2단계 ⑤ (몇십 몇) - (몇십 몇) 계산하기 유형2

2. 74 - 30

❶
```
   십 일
   7  4
-  3  0
   4  4
```
십의 자리 7-3 = 4
일의 자리 4-0 = 4

해설 십의 자리부터 계산합니다.

❷ 74 - 30 = 74 - 34 + 4
= 40 + 4
= 44

해설 74-30을 74-34+4로 고쳐서 계산합니다.

❸ 74 - 30
= 70 + 4 - 30
= 70 - 30 + 4
= 40 + 4 = 44

해설 70-30을 한 결과에 4를 더합니다.

3. 62 - 50

❶
```
   십 일
   6  2
-  5  0
   1  2
```
십의 자리 6-5 = 1
일의 자리 2-0 = 2

해설 십의 자리부터 계산합니다.

❷ 62 - 50 = 62 - 52 + 2
= 10 + 2
= 12

해설 62-50을 62-52+2로 고쳐서 계산합니다.

❸ 62 - 50
= 60 + 2 - 50
= 60 - 50 + 2
= 10 + 2 = 12

해설 60-50을 한 결과에 2를 더합니다.

유형2 (몇십 몇) - (몇십 몇)의 계산

(몇십 몇) - (몇십 몇)을 세 가지 방법으로 계산해 봅시다.

방법 ❶ 십의 자리부터 계산하기

❶
```
   십 일
   4  7
-  1  5
   3  2
```
십의 자리 4-1 = 3
일의 자리 7-5 = 2

방법 ❷ 세 수의 계산으로 고치기

47 - 15 = 45 - 15 + 2
(45 + 2)
= 30 + 2
= 32

방법 ❸ (몇십) - (몇십) 활용하기

47 - 15
= 40 + 7 - 10 - 5
= 40 - 10 + 7 - 5
= 30 + 2 = 32

◎ 계산해 보세요.

1. 65 - 24

❶
```
   십 일
   6  5
-  2  4
   4  1
```
십의 자리 6-2 = 4
일의 자리 5-4 = 1

해설 십의 자리부터 계산합니다.

❷ 65 - 24 = 64 - 24 + 1
(64 + 1)   = 40 + 1
= 41

해설 65를 64와 1로 갈라서 세 수의 계산으로 바꿉니다.

❸ 65 - 24
= 60 + 5 - 20 - 4
= 60 - 20 + 5 - 4
= 40 + 1 = 41

해설 60-20의 결과와 5-4의 결과를 더합니다.

---

2. 48 - 12

❶
```
   십 일
   4  8
-  1  2
   3  6
```
십의 자리 4-1 = 3
일의 자리 8-2 = 6

해설 십의 자리부터 계산합니다.

❷ 48 - 12 = 42 - 12 + 6
(42 + 6)   = 30 + 6
= 36

해설 48을 42와 6으로 갈라서 세 수의 계산으로 바꿉니다.

❸ 48 - 12
= 40 + 8 - 10 - 2
= 40 - 10 + 8 - 2
= 30 + 6 = 36

해설 40-10의 결과와 8-2의 결과를 더합니다.

3. 77 - 14

❶
```
   십 일
   7  7
-  1  4
   6  3
```
십의 자리 7-1 = 6
일의 자리 7-4 = 3

해설 십의 자리부터 계산합니다.

❷ 77 - 14 = 74 - 14 + 3
(74 + 3)   = 60 + 3
= 63

해설 77을 74와 3으로 갈라서 세 수의 계산으로 바꿉니다.

❸ 77 + 14
= 70 + 7 - 10 - 4
= 70 - 10 + 7 - 4
= 60 + 3 = 63

해설 70-10의 결과와 7-4의 결과를 더합니다.

3단계 ⑤ (몇십 몇) - (몇십 몇) 계산하기

◎ 계산해 보세요.

❶ 16 - 10 = 6
해설 16-10은 6-0과 계산 결과가 같습니다.

❷ 28 - 10 = 18
해설 십의 자리: 2-1=1
일의 자리: 8-0=8

❸ 37 - 10 = 27
해설 십의 자리: 3-1=2
일의 자리: 7-0=7

❹ 45 - 20 = 25
해설 45 - 20 = 40 - 20 + 5 = 20 + 5 = 25

❺ 52 - 40 = 12
해설 50 - 40 + 2 = 10 + 2 = 12

❻ 68 - 20 = 48
해설 60 - 20 + 8 = 40 + 8 = 48

❼ 75 - 60 = 15
해설 십의 자리: 7-6=1
일의 자리: 5-0=5

❽ 88 - 30 = 58
해설 88 - 30 = 80 - 30 + 8 = 50 + 8 = 58

❾ 96 - 20 = 76
해설 십의 자리: 9-2=7
일의 자리: 6-0=6

❿ 64 - 50 = 14
해설 60 - 50 + 4 = 10 + 4 = 14

⓫ 89 - 50 = 39
해설 90 - 50 = 40 - 1 = 39

⓬ 97 - 60 = 37
해설 십의 자리: 9-6=3
일의 자리: 7-0=7

3단계 ⑤ (몇십 몇) - (몇십 몇) 계산하기

⑬ 31 - 11 = 20

해설 31－11＝30－10＝20

⑭ 95 - 54 = 41

해설 95－54＝95－55＋1＝40＋1＝41

⑮ 76 - 43 = 33

해설 십의 자리: 7－4＝3
일의 자리: 6－3＝3

⑯ 58 - 32 = 26

해설 십의 자리: 5－3＝2
일의 자리: 8－2＝6

⑰ 67 - 31 = 36

해설 60－30＋7－1＝30＋6＝36

⑱ 49 - 37 = 12

해설 십의 자리: 4－3＝1
일의 자리: 9－7＝2

⑲ 87 - 55 = 32

해설 십의 자리: 8−5=3
일의 자리: 7−5=2

⑳ 79 - 77 = 2

해설 70－70＋9－7＝0＋2＝2

㉑ 43 - 22 = 21

해설 43－23＋1＝20＋1＝21

㉒ 98 - 45 = 53

해설 90－40＋8－5＝50＋3＝53

㉓ 66 - 42 = 24

해설 십의 자리: 6－4＝2
일의 자리: 6－2＝4

㉔ 99 - 74 = 25

해설 십의 자리: 9－7＝2
일의 자리: 9－4＝5

6 여러 가지 뺄셈

학습 목표

단계	학습 의도	구분	학습 주제	관련 교과
1단계	Basic Exercise 여러 유형의 뺄셈을 계산하는 여러 가지 방법을 배웁니다.	방법1	표 만들기	
		방법2	세로셈으로 풀기	
		방법3	수직선 이용하기	
2단계	One Problem Multi Solution 1단계에서 배운 여러 가지 방법을 토대로 뺄셈의 여러 가지 유형을 계산합니다.	유형1	화살표 방향으로 빼기	〈1-2〉 3.덧셈과 뺄셈(1)
		유형2	답이 같은 것끼리 짝짓기	〈1-1〉 3.덧셈과 뺄셈
		유형3	뺄셈식 만들기	〈1-2〉 5.덧셈과 뺄셈(2)
		유형4	수 배열에서 규칙 찾기	〈1-2〉 5.덧셈과 뺄셈(2) 〈1-1〉 3.덧셈과 뺄셈 〈1-2〉 6. 규칙 찾기
3단계	Calculation Master 앞에서 학습한 내용을 자유롭게 적용해 계산합니다.			

Basic Exercise

6 여러 가지 뺄셈 1단계

Q1 □ 안에 알맞은 수를 써넣으세요.

방법 ❶ 표 만들기

❶ 9 - 6 = 3

-	7	8	9
6	1	2	3

❷ 17 - 12 = 5

-	17	18	19
12	5	6	7

❶ 8 - 5 = 3

-	7	8	9
5	2	3	4

해설 8－5＝3

❷ 7 - 2 = 5

-	7	8	9
2	5	6	7

해설 7－2＝5

❸ 15 - 13 = 2

-	14	15	16
13	1	2	3

해설 15−13의 계산 결과는 16−13의 계산 결과보다 1 작습니다.

❹ 12 - 3 = 9

-	12	13	14
3	9	10	11

해설 12−3의 계산 결과는 13−3의 계산 결과보다 1 작습니다.

Q2 □ 안에 알맞은 수를 써넣으세요.

방법 ❷ 세로셈으로 풀기

❶

	십	일
	3	4
-	1	2
	2	3

❷

	십	일
	2	8
-	1	3
	1	5

❶

	십	일
	2	9
-	1	3
	1	6

해설 십의 자리와 일의 자리를 각각 뺄셈합니다.

❷

	십	일
	3	5
-	1	2
	2	3

해설 십의 자리와 일의 자리를 각각 뺄셈합니다.

❸

	십	일
	5	5
-	2	4
	3	1

해설 십의 자리와 일의 자리를 각각 뺄셈합니다.

❹

	십	일
	6	2
-	3	1
	3	1

해설 십의 자리와 일의 자리를 각각 뺄셈합니다.

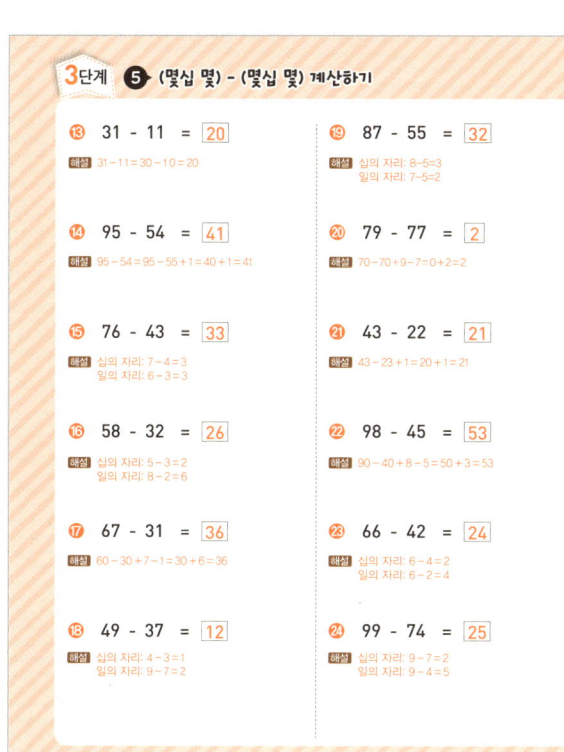

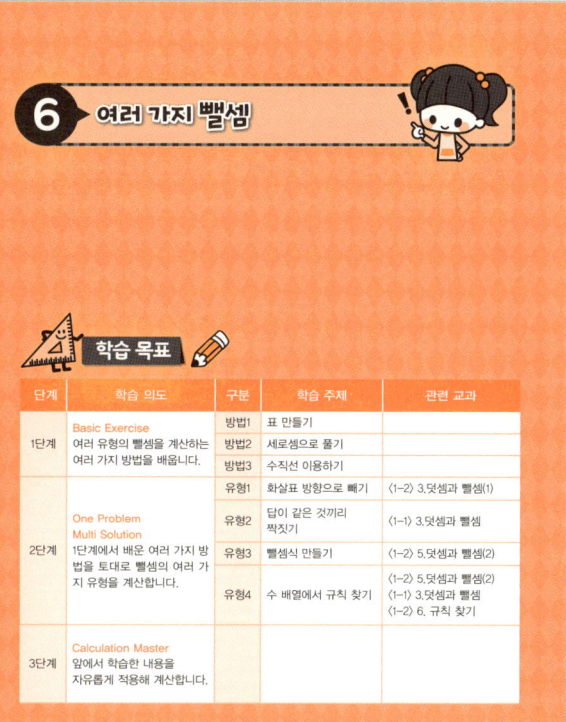

Q3 ☐ 안에 알맞은 수를 써넣으세요.

방법 ③ 수직선 이용하기

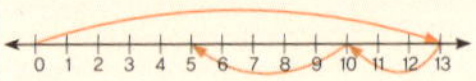

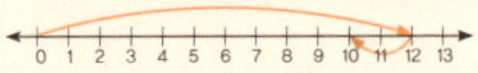

① 6 - 3 = 3

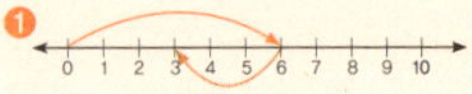

② 70 - 40 = 30

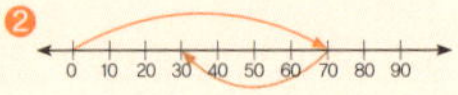

① 9 - 2 = 7

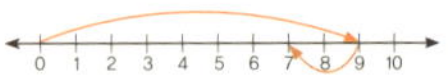

③ 12 - 7 = 5

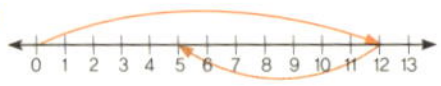

해설 수직선에서 오른쪽으로 가면 덧셈, 왼쪽으로 가면 뺄셈이 됩니다.

해설 수직선에서 오른쪽으로 가면 덧셈, 왼쪽으로 가면 뺄셈이 됩니다.

② 8 - 3 = 5

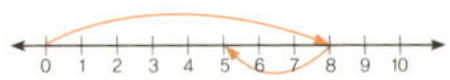

④ 80 - 20 = 60

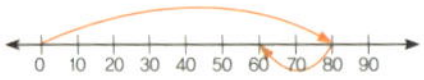

해설 수직선에서 오른쪽으로 가면 덧셈, 왼쪽으로 가면 뺄셈이 됩니다.

해설 수직선에서 오른쪽으로 가면 덧셈, 왼쪽으로 가면 뺄셈이 됩니다.

---

6 여러 가지 뺄셈 — 2단계

유형1 화살표 방향으로 빼기

두 수를 여러 가지 방법으로 계산해 봅시다.

13 - 3 → 10 - 5 → 5

방법 ❶ 표 만들기

-	11	12	13
3	8	9	10

-	10	11	12
5	5	6	7

방법 ❷ 세로셈으로 풀기

```
  십 일          십 일
  1  3          1  0
-    3        -    5
─────         ─────
  1  0            5
```

방법 ❸ 수직선 이용하기

13 - 3 - 5 = 5

◎ 화살표 방향으로 주어진 뺄셈을 계산해 보세요.

1. 12 - 2 → 10 - 3 → 7

①
-	11	12	13
2	9	10	11

-	10	11	12
3	7	8	9

해설 표에서 빼어지는 수가 1씩 커지면 계산 결과가 1씩 커지는 규칙을 찾을 수 있습니다.

②
```
  십 일          십 일
  1  2          1  0
-    2        -    3
─────         ─────
  1  0            7
```

해설 12-2를 먼저 계산하고, 그 결과인 10에서 3을 빼면 7이 됩니다.

③ 12 - 2 - 3 = 7

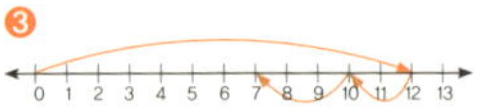

해설 12에서 왼쪽으로 2칸, 3칸 이동하였으므로 12-2-3=12-5=7입니다.

2단계 ❻ 여러 가지 뺄셈 유형1

2. ① 10 - 4 → 6 - 1 → 5

-	10	11	12
4	6	7	8

-	5	6	7
1	4	5	6

해설 표에서 빼어지는 수가 1씩 커지면 계산 결과가 1씩 커지는 규칙을 찾을 수 있습니다.

②
```
  십 일          십 일
  1  0            6
-    4        -    1
─────         ─────
     6            5
```

③ 10 - 4 - 1 = 5

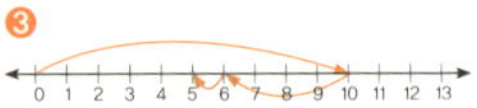

해설 10에서 왼쪽으로 4칸, 1칸 이동하였으므로 10-4-1=10-5=5입니다.

3. ① 11 - 1 → 10 - 6 → 4

-	11	12	13
1	10	11	12

-	10	11	12
6	4	5	6

해설 표에서 빼어지는 수가 1씩 커지면 계산 결과가 1씩 커지는 규칙을 찾을 수 있습니다.

②
```
  십 일          십 일
  1  1          1  0
-    1        -    6
─────         ─────
  1  0            4
```

해설 11-1을 먼저 계산하고, 그 결과인 10에서 6을 빼면 4가 됩니다.

③ 11 - 1 - 6 = 4

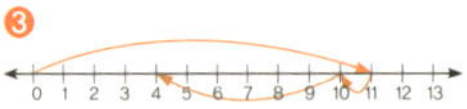

해설 11에서 왼쪽으로 1칸, 6칸 이동하였으므로 11-1-6=11-7=4입니다.

유형2 답이 같은 것끼리 짝짓기

다양한 방법으로 계산 결과가 같은 것을 찾아봅시다.

12 - 2   11 - 1
         10 - 3

방법 ❶ 표 만들기

-	10	11	12
1	9	10	11
2	8	9	10
3	7	8	9

방법 ❷ 세로셈으로 풀기

```
  십 일    십 일    십 일
  1  2    1  1    1  0
-    2  -    1  -    3
─────   ─────   ─────
  1  0    1  0       7
```

방법 ❸ 수직선 이용하기

12 - 2 = 10

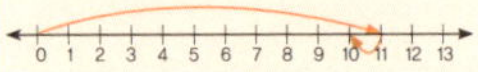

11 - 1 = 10

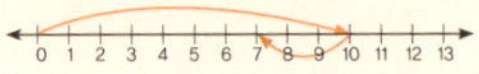

10 - 3 = 7

◎ 계산 결과가 같은 것을 찾아 선으로 연결해 보세요.

1. 11 - 4   10 - 5
              9 - 2

①
-	9	10	11
2	7	8	9
3	6	7	8
4	5	6	7
5	4	5	6

해설 표에서 빼는 수가 1씩 커질수록 계산 결과가 1씩 작아지는 규칙을 찾을 수 있습니다.

②
```
  십 일    십 일    십 일
  1  1    1  0       9
-    4  -    5  -    2
─────   ─────   ─────
     7       5       7
```

해설 세로셈 결과가 같은 것은 11-4와 9-2입니다.

③

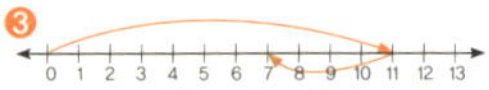

11 - 4 = 7

10 - 5 = 5

9 - 2 = 7

해설 왼쪽으로 이동한 칸 수만큼 빼주어 계산합니다.

2단계 ⑥ 여러 가지 뺄셈 유형3

2. [11-6] [10-4 / 9-4]

❶
-	9	10	11
4	5	6	7
5	4	5	6
6	3	4	5

해설 표에서 빼는 수가 1씩 커질수록 계산 결과가 1씩 작아지는 규칙을 찾을 수 있습니다.

❷
```
  십 일      십 일      십 일
  1 1        1 0        9
-   6      -   4      -   4
-----      -----      -----
    5          6          5
```
해설 세로셈 결과가 같은 것은 11-6과 9-4입니다.

❸ 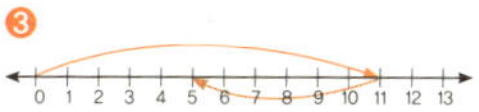
11 - 6 = 5 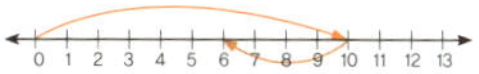
10 - 4 = 6 
9 - 4 = 5

해설 왼쪽으로 이동한 칸 수만큼 빼주어 계산합니다.

3. [13-9] [12-6 / 11-7]

❶
-	11	12	13
6	5	6	7
7	4	5	6
8	3	4	5
9	2	3	4

해설 표에서 빼는 수가 1씩 커질수록 계산 결과가 1씩 작아지는 규칙을 찾을 수 있습니다.

❷
```
  1 3        1 2        1 1
-   9      -   6      -   7
-----      -----      -----
    4          6          4
```
해설 세로셈 결과가 같은 것은 13-9와 11-7입니다.

❸ 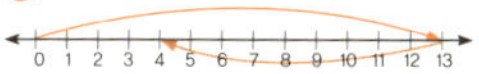
13 - 9 = 4 
12 - 6 = 6 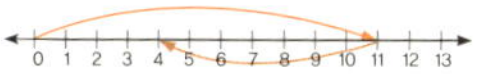
11 - 7 = 4

해설 왼쪽으로 이동한 칸 수만큼 빼주어 계산합니다.

유형3 뺄셈식 만들기

세 수를 보고 다양한 방법으로 뺄셈식을 만들어 봅시다.

[6] [8] [14]

14 - 8 = 6
14 - 6 = 8

방법 ❶ 표 만들기

-	14
6	8
8	6

방법 ❷ 세로셈으로 풀기

```
  십 일      십 일
  1 4        1 4
-   6      -   8
-----      -----
    8          6
```

방법 ❸ 수직선 이용하기

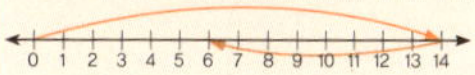

14 - 8 = 6
14 - 6 = 8 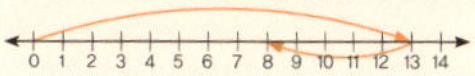

◎ 빈칸에 알맞은 수를 넣어 두 가지 뺄셈식을 만들어 봅시다.

1. [11] [13] [2]

13 - 11 = 2
13 - 2 = 11

❶
-	13
2	11
11	2

해설 큰 수에서 작은 수를 빼는 뺄셈 두 가지를 만들 수 있습니다.

❷
```
  십 일      십 일
  1 3        1 3
-   2      - 1 1
-----      -----
  1 1          2
```
해설 큰 수에서 작은 수를 빼는 뺄셈 두 가지를 만들 수 있습니다.

❸ 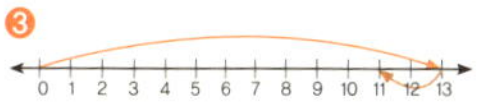
13 - 2 = 11 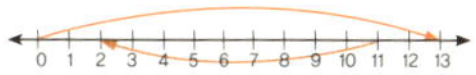
13 - 11 = 2

해설 큰 수에서 작은 수를 빼는 뺄셈 두 가지를 만들 수 있습니다.

2단계 ⑥ 여러 가지 뺄셈 유형4

2. [8] [4] [12]

12 - 4 = 8
12 - 8 = 4

❶
-	12
4	8
8	4

해설 큰 수에서 작은 수를 빼는 뺄셈 두 가지를 만들 수 있습니다.

❷
```
  십 일      십 일
  1 2        1 2
-   4      -   8
-----      -----
    8          4
```
해설 큰 수에서 작은 수를 빼는 뺄셈 두 가지를 만들 수 있습니다.

❸ 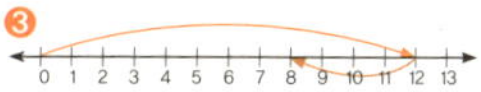
12 - 4 = 8 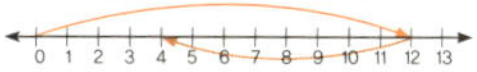
12 - 8 = 4

해설 큰 수에서 작은 수를 빼는 뺄셈 두 가지를 만들 수 있습니다.

3. [9] [14] [5]

14 - 5 = 9
14 - 9 = 5

❶
-	14
5	9
9	5

해설 큰 수에서 작은 수를 빼는 뺄셈 두 가지를 만들 수 있습니다.

❷
```
  십 일      십 일
  1 4        1 4
-   5      -   9
-----      -----
    9          5
```
해설 큰 수에서 작은 수를 빼는 뺄셈 두 가지를 만들 수 있습니다.

❸ 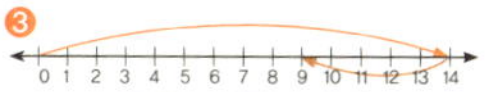
14 - 5 = 9 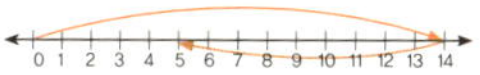
14 - 9 = 5

해설 큰 수에서 작은 수를 빼는 뺄셈 두 가지를 만들 수 있습니다.

유형4 수 배열에서 규칙 찾기

한 줄로 늘어놓은 수를 보고 여러 가지 방법으로 규칙을 찾아봅시다.

[8] [6] [4] [2]

방법 ❶ 표 만들기

▶ 규칙 : 2씩 작아지는 규칙

	2	2	2
8	6	4	2

방법 ❷ 세로셈으로 풀기

▶ 규칙 : 2씩 작아지는 규칙

```
  일        일        일
  8         6         4
- 2       - 2       - 2
---       ---       ---
  6         4         2
```

방법 ❸ 수 막대 이용하기

▶ 규칙 : 2씩 작아지는 규칙

막대: 8, 6, 4, 2 (각각 2씩 감소)

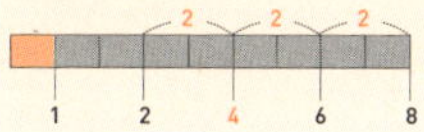

◎ 규칙을 찾아 설명하고, 빈 칸에 알맞은 수를 써넣어 보세요.

1. [9] [6] [3] [0]

❶ ▶ 규칙 : 3씩 작아지는 규칙

-	3	3	3
9	6	3	0

해설 9, 6, 3, 0으로 3씩 작아지는 규칙입니다.

❷ ▶ 규칙 : 3씩 작아지는 규칙

```
  일        일        일
  9         6         3
- 3       - 3       - 3
---       ---       ---
  6         3         0
```
해설 9, 6, 3, 0으로 3씩 작아지는 규칙입니다.

❸ ▶ 규칙 : 3씩 작아지는 규칙

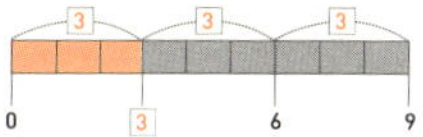

막대: 0 - 3 - 6 - 9 (3씩 증가/감소)

해설 9, 6, 3, 0으로 3씩 작아지는 규칙입니다.

2. 20 15 10 5

① ▶ 규칙: 5씩 작아지는 규칙

-	5	5	5
20	15	10	5

해설 20, 15, 10, 5로 5씩 작아지는 규칙입니다.

② ▶ 규칙: 5씩 작아지는 규칙

```
   십 일      십 일      십 일
    2 0        1 5        1 0
 -    5     -    5     -    5
   1 5        1 0           5
```

해설 20, 15, 10, 5로 5씩 작아지는 규칙입니다.

③ ▶ 규칙: 5씩 작아지는 규칙

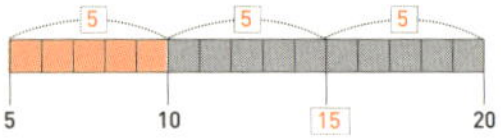

막대: 5 — 10 — 15 — 20

해설 20, 15, 10, 5로 5씩 작아지는 규칙입니다.

3. 50 40 30 20

① ▶ 규칙: 10씩 작아지는 규칙

-	10	10	10
50	40	30	20

해설 50, 40, 30, 20으로 10씩 작아지는 규칙입니다.

② ▶ 규칙: 10씩 작아지는 규칙

```
   십 일      십 일      십 일
    5 0        4 0        3 0
 -  1 0     -  1 0     -  1 0
    4 0        3 0        2 0
```

해설 50, 40, 30, 20으로 10씩 작아지는 규칙입니다.

③ ▶ 규칙: 10씩 작아지는 규칙

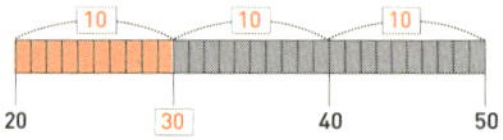

막대: 10 — 20 — 30 — ... 20 30 40 50

해설 50, 40, 30, 20으로 10씩 작아지는 규칙입니다.

---

6 여러 가지 뺄셈 (3단계)

◎ 계산해 보세요.

① 10 - 3 → 7 - 5 → 2
해설 10 - 3 = 7
7 - 5 = 2

② 16 - 8 → 8 - 2 → 6
해설 16 - 8 = 16 - 6 - 2 = 10 - 2 = 8
8 - 2 = 6

③ 25 - 11 → 14 - 3 → 11
해설 25 - 11 = 14
14 - 3 = 11

④ 38 - 12 → 26 - 14 → 12
해설 38 - 12 = 26
26 - 14 = 12

⑤ 57 - 23 → 34 - 3 → 31
해설 57 - 23 = 34
34 - 3 = 31

⑥ 37 - 25 → 12 - 4 → 8
해설 37 - 25 = 12
12 - 4 = 12 - 2 - 2 = 10 - 2 = 8

⑦ 27 - 15 / 23 - 13 / 18 - 6
해설 27 - 15 = 12
23 - 13 = 10
18 - 6 = 12

⑧ 10 - 3 / 19 - 12 / 8 - 2
해설 10 - 3 = 7
19 - 12 = 7
8 - 2 = 6

⑨ 31 - 21 / 17 - 4 / 25 - 15
해설 31 - 21 = 10
17 - 4 = 13
25 - 15 = 10

⑩ 50 - 30 / 80 - 40 / 70 - 50
해설 50 - 30 = 20
80 - 40 = 40
70 - 50 = 20

⑪ 64 - 32 / 58 - 26 / 75 - 41
해설 64 - 32 = 32
58 - 26 = 32
75 - 41 = 34

⑫ 11 - 3 / 15 - 9 / 13 - 5
해설 11 - 3 = 11 - 1 - 2 = 10 - 2 = 8
15 - 9 = 15 - 5 - 4 = 10 - 4 = 6
13 - 5 = 13 - 3 - 2 = 10 - 2 = 8

3단계 ⑥ 여러 가지 뺄셈

⑬ 7 18 11
18 - 11 = 7   18 - 7 = 11
해설 큰 수에서 작은 수를 빼는 뺄셈 두 가지를 만듭니다.

⑭ 12 15 27
27 - 15 = 12   27 - 12 = 15
해설 큰 수에서 작은 수를 빼는 뺄셈 두 가지를 만듭니다.

⑮ 30 80 50
80 - 50 = 30   80 - 30 = 50
해설 큰 수에서 작은 수를 빼는 뺄셈 두 가지를 만듭니다.

⑯ 5 19 14
19 - 14 = 5   19 - 5 = 14
해설 큰 수에서 작은 수를 빼는 뺄셈 두 가지를 만듭니다.

⑰ 15 13 28
28 - 15 = 13   28 - 13 = 15
해설 큰 수에서 작은 수를 빼는 뺄셈 두 가지를 만듭니다.

⑱ 15 25 10
25 - 15 = 10   25 - 10 = 15
해설 큰 수에서 작은 수를 빼는 뺄셈 두 가지를 만듭니다.

⑲ 14 10 6 2
▶ 규칙: 4씩 작아지는 규칙
해설 4씩 작아지는 규칙입니다.
10 - 4 = 6

⑳ 12 9 6 3
▶ 규칙: 3씩 작아지는 규칙
해설 3씩 작아지는 규칙입니다.
12 - 3 = 12 - 2 - 1 = 10 - 1 = 9

㉑ 18 16 14 12
▶ 규칙: 2씩 작아지는 규칙
해설 2씩 작아지는 규칙입니다.
16 - 2 = 14

㉒ 30 25 20 15
▶ 규칙: 5씩 작아지는 규칙
해설 5씩 작아지는 규칙입니다.
20 - 5 = 15

㉓ 80 60 40 20
▶ 규칙: 20씩 작아지는 규칙
해설 20씩 작아지는 규칙입니다.
60 - 20 = 40

㉔ 70 60 50 40
▶ 규칙: 10씩 작아지는 규칙
해설 10씩 작아지는 규칙입니다.
70 - 10 = 60

---

7 뺄셈식에서 ■의 값 구하기

학습 목표

단계	학습 의도	구분	학습 주제	관련 교과
1단계	Basic Exercise 뺄셈식에서 ■의 값을 구하는 여러 가지 방법을 배웁니다.	방법1	어림하여 뺄셈하기	
		방법2	덧셈 이용하기	
2단계	One Problem Multi Solution 1단계에서 배운 여러 가지 방법을 토대로 뺄셈식에서 ■의 값을 구하는 여러 가지 유형을 살펴 봅니다.	유형1	뺄셈식을 덧셈식으로 나타내기	〈1-2〉 5.덧셈과 뺄셈(2)
		유형2	(몇) - ■ = (몇)	〈1-2〉 5.덧셈과 뺄셈(2)
		유형3	■ - (몇) = (몇)	〈1-2〉 5.덧셈과 뺄셈(2)
		유형4	(몇십몇) - ■ = (몇) 또는 (몇십몇)	〈1-2〉 5.덧셈과 뺄셈(2)
		유형5	■ - (몇십몇) = (몇) 또는 (몇십몇)	〈1-2〉 5.덧셈과 뺄셈(2)
3단계	앞에서 학습한 내용을 자유롭게 적용해 계산합니다.			

7. 뺄셈식에서 ■의 값 구하기 (1단계)

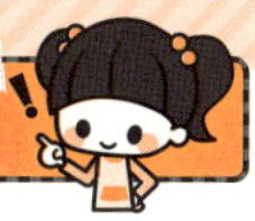

Q1 □ 안에 알맞은 수를 써넣으세요.

방법 ❶ 어림하여 뺄셈하기

❶ 5 - ■ = 3
- ① 5 - 1 = 4
- ② 5 - 2 = 3 ○
- ③ 5 - 3 = 2
- ■ = 2

❷ ■ - 4 = 6
- ① 8 - 4 = 4
- ② 9 - 4 = 5
- ③ 10 - 4 = 6 ○
- ■ = 10

❶ 7 - ■ = 4
- ① 7 - 1 = 6
- ② 7 - 2 = 5
- ③ 7 - 3 = 4 ○
- ■ = 3

해설 ■에 1, 2, 3을 넣고 계산해 보면 ■의 값은 3입니다.

❸ ■ - 8 = 2
- ① 8 - 8 = 0
- ② 9 - 8 = 1
- ③ 10 - 8 = 2 ○
- ■ = 10

해설 ■에 8, 9, 10을 넣고 계산해 보면 ■의 값은 10입니다.

❷ 6 - ■ = 1
- ① 6 - 4 = 2
- ② 6 - 5 = 1 ○
- ③ 6 - 6 = 0
- ■ = 5

해설 ■에 4, 5, 6을 넣고 계산해 보면 ■의 값은 5입니다.

❹ ■ - 2 = 11
- ① 12 - 2 = 10
- ② 13 - 2 = 11 ○
- ③ 14 - 2 = 12
- ■ = 13

해설 ■에 12, 13, 14을 넣고 계산해 보면 ■의 값은 13입니다.

Q2 □ 안에 알맞은 수를 써넣으세요.

방법 ❷ 덧셈 이용하기

❶ 8 - ■ = 2
⇒ ■ + 2 = 8
■ = 6 (6+2)

❷ ■ - 7 = 3
⇒ 3 + 7 = ■
■ = 10

❶ 14 - ■ = 10
⇒ ■ + 10 = 14
■ = 4 (4+10)

해설 4에서 ■를 빼면 10이므로, ■와 10을 더하면 14가 됩니다.

❸ ■ - 2 = 15
⇒ 15 + 2 = 17
■ = 17

해설 ■에서 2를 빼면 15이므로, 15와 2를 더하면 ■가 됩니다.

❷ 18 - ■ = 12
⇒ ■ + 12 = 18
■ = 6 (6+12)

해설 18에서 ■를 빼면 12이므로, ■와 12를 더하면 18이 됩니다.

❹ ■ - 5 = 23
⇒ 23 + 5 = 28
■ = 28

해설 ■에서 5를 빼면 23이므로, 23과 5를 더하면 ■가 됩니다.

---

7. 뺄셈식에서 ■의 값 구하기 (2단계)

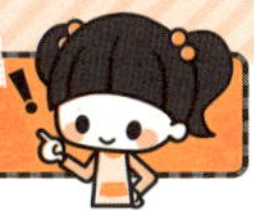

유형 1 뺄셈식을 덧셈식으로 나타내기

여러 가지 방법을 이용하여 ■를 구해 봅시다.

6 - ■ = 2 ⇒ ① 2 + ■ = 6
　　　　　　② ■ + 2 = 6

방법 ❶ 어림하여 뺄셈하기

6 - ■ = 2
- ① 6 - 2 = 4
- ② 6 - 3 = 3
- ③ 6 - 4 = 2 ○

■ = 4

방법 ❷ 덧셈 이용하기

6 - ■ = 2
⇒ ■ + 2 = 6
■ = 4 (4+2)

◎ 뺄셈식을 두 가지 덧셈식으로 나타내고, ■를 구해 보세요.

1. 16 - ■ = 11 ⇒ ① 11 + ■ = 16
　　　　　　　　　　② ■ + 11 = 16

❶ 16 - ■ = 11
- ① 16 - 4 = 12
- ② 16 - 5 = 11 ○
- ③ 16 - 6 = 10
- ■ = 5

해설 빼는 수와 답을 더하면 빼어지는 수가 됩니다.

❷ 16 - ■ = 11
■ + 11 = 16
■ = 5 (5+11)

해설 ■에 4, 5, 6을 넣고 계산해 보면 알맞은 값은 5입니다.

2. 2 - ■ = 1 ⇒ ① 1 + ■ = 2
　　　　　　　　② ■ + 1 = 2

해설 빼는 수와 답을 더하면 빼어지는 수가 됩니다.

❶ 2 - ■ = 1
- ① 2 - 1 = 1 ○
- ② 2 - 2 = 0
- ■ = 1

해설 ■에 1, 2를 넣고 계산해 보면, 알맞은 값은 1입니다.

❷ 2 - ■ = 1
⇒ ■ + 1 = 2
■ = 1 (1+1)

해설 2는 1과 1로 가를 수 있습니다.

3. ■ - 1 = 5 ⇒ ① 1 + 5 = ■
　　　　　　　　　② 5 + 1 = ■

해설 빼는 수와 답을 더하면 빼어지는 수가 됩니다.

❶ ■ - 1 = 5
- ① 4 - 1 = 3
- ② 5 - 1 = 4
- ③ 6 - 1 = 5 ○
- ■ = 6

해설 ■에 4, 5, 6을 넣고 계산해 보면, 알맞은 값은 6입니다.

❷ ■ - 1 = 5
⇒ 5 + 1 = 6
■ = 6

해설 ■의 값은 빼는 수 1과 답 5의 합입니다.

2단계 ❼ 뺄셈식에서 ■의 값 구하기 유형2

유형2 (몇) − ■ = (몇)

두 가지 방법을 이용하여 ■ 안에 들어갈 알맞은 수를 찾아봅시다.

방법 ❶ 어림하여 뺄셈하기

4 − ■ = 1

① 4 − 1 = 3	
② 4 − 2 = 2	
③ 4 − 3 = 1	○

■ = 3

방법 ❷ 덧셈 이용하기

4 − ■ = 1
⇒ ■ + 1 = 4
■ = 3   3+1

◎ 뺄셈식에서 ■를 구해 보세요.

1. 7 − ■ = 2

❶ 7 − ■ = 2

① 7 − 4 = 3	
② 7 − 5 = 2	○
③ 7 − 6 = 1	

■ = 5

해설 ■에 4, 5, 6을 넣고 계산해 보면 알맞은 값은 5입니다.

❷ 7 − ■ = 2
⇒ ■ + 2 = 7
■ = 5   5+2

해설 7은 5와 2로 가를 수 있습니다.

2. 9 − ■ = 6

❶ 9 − ■ = 6

① 9 − 1 = 8	
② 9 − 2 = 7	
③ 9 − 3 = 6	○

■ = 3

해설 ■에 1, 2, 3을 넣고 계산해 보면 알맞은 값은 3입니다.

❷ 9 − ■ = 6
⇒ ■ + 6 = 9
■ = 3   3+6

해설 9는 3과 6으로 가를 수 있습니다.

3. 8 − ■ = 4

❶ 8 − ■ = 4

① 8 − 2 = 6	
② 8 − 3 = 5	
③ 8 − 4 = 4	○

■ = 4

해설 ■에 2, 3, 4를 넣고 계산해 보면 알맞은 값은 4입니다.

❷ 8 − ■ = 4
⇒ ■ + 4 = 8
■ = 4   4+4

해설 8은 4와 4로 가를 수 있습니다.

2단계 ❼ 뺄셈식에서 ■의 값 구하기 유형3

유형3 ■ − (몇) = (몇)

두 가지 방법을 이용하여 ■ 안에 들어갈 알맞은 수를 찾아봅시다.

방법 ❶ 어림하여 뺄셈하기

■ − 1 = 2

① 2 − 1 = 1	
② 3 − 1 = 2	○
③ 4 − 1 = 3	

■ = 3

방법 ❷ 덧셈 이용하기

■ − 1 = 2
⇒ 2 + 1 = 3
■ = 3

◎ 뺄셈식에서 ■를 구해 보세요.

1. ■ − 1 = 4

❶ ■ − 1 = 4

① 3 − 1 = 2	
② 4 − 1 = 3	
③ 5 − 1 = 4	○

■ = 5

해설 ■안에 3, 4, 5를 넣어 보면 알맞은 수는 5입니다.

❷ ■ − 1 = 4
⇒ 4 + 1 = 5
■ = 5

해설 ■의 값은 1과 4의 합입니다.

2. ■ − 4 = 3

❶ ■ − 4 = 3

① 6 − 4 = 2	
② 7 − 4 = 3	○
③ 8 − 4 = 4	

■ = 7

해설 ■안에 6, 7, 8을 넣어 보면 알맞은 수는 7입니다.

❷ ■ − 4 = 3
⇒ 3 + 4 = 7
■ = 7

해설 ■의 값은 3과 4의 합입니다.

3. ■ − 2 = 6

❶ ■ − 2 = 6

① 6 − 2 = 4	
② 7 − 2 = 5	
③ 8 − 2 = 6	○

■ = 8

해설 ■안에 6, 7, 8을 넣어 보면 알맞은 수는 8입니다.

❷ ■ − 2 = 6
⇒ 6 + 2 = 8
■ = 8

해설 ■의 값은 2와 6의 합입니다.

2단계 ⑦ 뺄셈식에서 ■의 값 구하기 유형4

유형4 (몇십 몇) − ■ = (몇) 또는 (몇십 몇)
두 가지 방법을 이용하여 ■ 안에 들어갈 알맞은 수를 찾아봅시다.

방법 ❶ 어림하여 뺄셈하기

12 − ■ = 7

① 12 − 3 =	9	
② 12 − 4 =	8	
③ 12 − 5 =	7	○

■ = 5

방법 ❷ 덧셈 이용하기

12 − ■ = 7
⇒ ■ + 7 = 12
■ = 5   (5+7)

◎ 뺄셈식에서 ■를 구해 보세요.

1. 19 − ■ = 12

❶ 19 − ■ = 12

① 19 − 7 =	12	○
② 19 − 8 =	11	
③ 19 − 9 =	10	

■ = 7

해설 ● ■ 안에 7, 8, 9를 넣어 보면 알맞은 수는 7입니다.

❷ 19 − ■ = 12
⇒ ■ + 12 = 19
■ = 7   (7+12)

해설 ● 19는 7과 12로 가를 수 있습니다.

2. 11 − ■ = 9

❶ 11 − ■ = 9

① 11 − 1 =	10	
② 11 − 2 =	9	○
③ 11 − 3 =	8	

■ = 2

해설 ● ■ 안에 1, 2, 3을 넣어 보면 알맞은 수는 2입니다.

❷ 11 − ■ = 9
⇒ ■ + 9 = 11
■ = 2   (2+9)

해설 ● 11은 2와 9로 가를 수 있습니다.

3. 23 − ■ = 12

❶ 23 − ■ = 12

① 23 − 10 =	13	
② 23 − 11 =	12	○
③ 23 − 12 =	11	

■ = 11

해설 ● ■ 안에 10, 11, 12를 넣어 보면 알맞은 수는 11입니다.

❷ 23 − ■ = 12
⇒ ■ + 12 = 23
■ = 11   (11+12)

해설 ● 23은 11과 12로 가를 수 있습니다.

2단계 ⑦ 뺄셈식에서 ■의 값 구하기 유형5

유형5 ■ − (몇십 몇) = (몇) 또는 (몇십 몇)
두 가지 방법을 이용하여 ■ 안에 들어갈 알맞은 수를 찾아봅시다.

방법 ❶ 어림하여 뺄셈하기

■ − 12 = 7

① 17 − 12 =	5	
② 18 − 12 =	6	
③ 19 − 12 =	7	○

■ = 19

방법 ❷ 덧셈 이용하기

■ − 12 = 7
⇒ 7 + 12 = ■
■ = 19

◎ 뺄셈식에서 ■를 구해 보세요.

1. ■ − 13 = 4

❶ ■ − 13 = 4

① 15 − 13 =	2	
② 16 − 13 =	3	
③ 17 − 13 =	4	○

■ = 17

해설 ● ■ 안에 15, 16, 17을 넣어 보면 알맞은 수는 17입니다.

❷ ■ − 13 = 4
⇒ 4 + 13 = 17
■ = 17

해설 ● ■의 값은 4와 13의 합입니다.

2. ■ − 15 = 14

❶ ■ − 15 = 14

① 27 − 15 =	12	
② 28 − 15 =	13	
③ 29 − 15 =	14	○

■ = 29

해설 ● ■ 안에 27, 28, 29를 넣어 보면 알맞은 수는 29입니다.

❷ ■ − 15 = 14
⇒ 14 + 15 = 29
■ = 29

해설 ● ■의 값은 15와 14의 합입니다.

3. ■ − 21 = 11

❶ ■ − 21 = 11

① 31 − 21 =	10	
② 32 − 21 =	11	○
③ 33 − 21 =	12	

■ = 32

해설 ● ■ 안에 31, 32, 33을 넣어 보면 알맞은 수는 32입니다.

❷ ■ − 21 = 11
⇒ 11 + 21 = 32
■ = 32

해설 ● ■의 값은 21과 11의 합입니다.

7. 뺄셈식에서 ■의 값 구하기

◎ 뺄셈식을 덧셈식으로 바꾸고 ■를 구해 보세요.

❶ 3 - ■ = 1 ⇒ ① 1 + ■ = 3
   ■ = 2   ② ■ + 1 = 3
   해설 ■ = 3 − 1 = 2

❷ 4 - ■ = 3 ⇒ ① 3 + ■ = 4
   ■ = 1   ② ■ + 3 = 4
   해설 ■ = 4 − 3 = 1

❸ 6 - ■ = 3 ⇒ ① 3 + ■ = 6
   ■ = 3   ② ■ + 3 = 6
   해설 ■ = 6 − 3 = 3

❹ ■ - 1 = 6 ⇒ ① 1 + 6 = ■
   ■ = 7   ② 6 + 1 = ■
   해설 ■ = 1 + 6 = 7

❺ ■ - 3 = 5 ⇒ ① 3 + 5 = ■
   ■ = 8   ② 5 + 3 = ■
   해설 ■ = 3 + 5 = 8

❻ ■ - 7 = 2 ⇒ ① 2 + 7 = ■
   ■ = 9   ② 7 + 2 = ■
   해설 ■ = 7 + 2 = 9

❼ 7 - ■ = 1
   ■ = 6
   해설 ■ = 7 − 1 = 6

❽ 5 - ■ = 2
   ■ = 3
   해설 ■ = 5 − 2 = 3

❾ 4 - ■ = 2
   ■ = 2
   해설 ■ = 4 − 2 = 2

❿ ■ - 7 = 1
   ■ = 8
   해설 ■ = 1 + 7 = 8

⓫ ■ - 2 = 4
   ■ = 6
   해설 ■ = 2 + 4 = 6

⓬ ■ - 6 = 3
   ■ = 9
   해설 ■ = 3 + 6 = 9

⓭ 10 - ■ = 8
   ■ = 2
   해설 ■ = 10 − 8 = 2

⓮ 13 - ■ = 8
   ■ = 5
   해설 ■ = 13 − 8 = 5

⓯ 18 - ■ = 10
   ■ = 8
   해설 ■ = 18 − 10 = 8

⓰ 45 - ■ = 24
   ■ = 21
   해설 ■ = 45 − 24 = 21

⓱ 63 - ■ = 41
   ■ = 22
   해설 ■ = 63 − 41 = 22

⓲ 79 - ■ = 26
   ■ = 53
   해설 ■ = 79 − 26 = 53

⓳ ■ - 4 = 11
   ■ = 15
   해설 ■ = 11 + 4 = 15

⓴ ■ - 7 = 4
   ■ = 11
   해설 ■ = 7 + 4 = 11

㉑ ■ - 15 = 11
   ■ = 26
   해설 ■ = 11 + 15 = 26

㉒ ■ - 23 = 14
   ■ = 37
   해설 ■ = 14 + 23 = 37

㉓ ■ - 31 = 24
   ■ = 55
   해설 ■ = 24 + 31 = 55

㉔ ■ - 83 = 15
   ■ = 98
   해설 ■ = 15 + 83 = 98